米中ハイテク覇権のゆくえ

NHKスペシャル取材班

NHK出版新書
589

はじめに

アメリカvs.中国。この二つの大国が、なぜ、これほど激しい〝貿易戦争〟を繰り広げているのか？　対立の背後には一体何があるのか？

2018年9月、私たちはそうした疑問の答えを探ろうと、アメリカと中国双方で、総力戦の取材を始めた。そんな矢先に、私たちの目にとまったある報告書があった。アメリカ国防総省傘下の研究施設が作ったもので、そこには、アメリカのAI企業に対する中国からの投資額が5年間で20倍にも増えている実態が報告されていた。

AIや「5G」といったハイテク分野で極端な動きを見せる中国の真意とは——？

さらに取材を進めると、私たちは、驚異的なスピードで成長を遂げる中国企業の姿を目の当たりにして、大きな衝撃を受けた。創業からわずか1年にして、自動運転用のAIの開発で先行するグーグルやテスラを猛追するベンチャー企業を筆頭に、AIとビッグデータを駆使した配車サービスで、世界１０００の都市をカバーし、５億５０００万人の利用者を獲得したという企業。さらには、仮想通貨で使われているブロックチェーン技術を使って、新たな送金や金融システムを構築。中国の巨大経済圏構想「一帯一路」に沿う形で広めようとしている企業などだ。

しかも、これら企業の成長の原動力となっていたのは、アメリカの巨大ＩＴ企業などで技術を学んで中国に帰国した若き技術者たち。彼らは「海亀」と呼ばれ、中国は国を挙げて彼らを支援していた。

アメリカが躍起になって〝貿易戦争〟を仕掛け、中国の産業スパイの摘発を強化したり、通信機器大手「ファーウェイ」などへの締め付けを強めている背景には、このまま中国の技術革新が進めば、アメリカが握っている、いわゆる「ハイテク覇権」や「金融覇権」、さらには「軍事覇権」までもが脅かされかねないという危機感があったことがわかってきたのだった。

本書は、２０１９年1月19日に放送したＮＨＫスペシャル「アメリカvs.中国　〝未来の覇権〟争いが始まった」と、4月7日に放送したＢＳ１スペシャル「アメリカvs.中国　〝情報・金融・ハイテク覇権〟に挑む中国」を取材・制作したスタッフが、追加取材を加えて書き下ろしたものだ。先端技術で躍進する中国企業の実態や、それを支える国家戦略、それに対して警戒を強めるアメリカ国防総省の研究施設や司法省など、攻防の最前線を描き、時間の関係で一部しか放送できなかったキーパーソンへのインタビューもたっぷりと盛り込んで紹介している。

先端技術をめぐる〝新冷戦〟が始まり、グローバリズムの時代が終わる——。

今回の番組でインタビューをした気鋭の国際政治学者、イアン・ブレマー氏の言葉だ。ブレマー氏は、この時、アメリカと中国の対立を〝新冷戦〟と呼び、それが世界に何をもたらすのか克明に分析した。その詳細は後述するが、さらに、今後、米中の対立がより激しさを増していけば、日本の立場は難しくなっていくだろうとも指摘している。

「日米同盟の下、安全保障面ではアメリカと関係を維持する一方で、経済面では中国との関係がより深まるであろうから、その狭間に立つ局面が必ず訪れるだろう」

すでに日本には、中国企業が急速に押し寄せてきている。今後、私たちはどう立ち振る舞っていくべきなのか。本書が、そうしたことを考える上での一助となれば幸いである。

NHK報道局　チーフ・プロデューサー　善家　賢

米中ハイテク覇権のゆくえ　目次

＊本書記載の情報は、２０１９年5月現在のものです。
＊本文中に登場する人物の所属・役職・年齢などは、取材当時のものです。

校閲　ラングドック、玄冬書林
ＤＴＰ　早乙女貴昭

序章　潜入！自動運転開発最前線

突如出現した期待の超新星

日本から企業や政治家の視察が相次いでいる都市が、中国にある。〝紅いシリコンバレー〟と呼ばれる広東省深圳《しんせん》だ。この街から通信機器大手の「ファーウェイ」、民生用ドローンの世界シェア7割を占める「DJI」、中国最大のSNS「微信《ウェイシン》」を運営する「テンセント」など、世界有数のハイテク企業が相次いで誕生している。

かつては人口3万人の漁村だったが、改革開放の40年でいまや1200万人の巨大移民都市に成長した。スマートフォンなど電子部品関係の産業が集積していて、試作から組立、出荷まで、低コストで早く行えるエコシステムが出来上がっている。成功を夢見て数多くの若者たちが集い、都市の平均年齢は32・5歳と若い。

スタートアップ企業が相次いで誕生し、投資会社のマネーも舞い込むこの都市で、急速なスピードで成長していた企業がある。それが自動運転のスタートアップ企業「ロードスター・ai（中国名：深圳星行科技有限公司）」だ。

2017年5月の創業から、たった1年で自動運転の技術で「レベル4」を実現した。「レベル4」とは「特定の状況であれば完全な自動運転が可能なレベル」とされ、グーグルのグループ会社のウェイモや、自動車メーカーのGMなど、アメリカの巨大企業が開発競争でしのぎを削るレベルで、現時点で世界最高ランクのステージだ。この驚異的なスピードに、投資会社が殺到し、日本からの視察も相次いでいた。

このスピードの裏に何があるのか。２０１８年5月、私たちは、彼らの開発拠点を訪ねることにした。

欧米風の小さなコテージで開発されていた驚異的なAI

たどり着いた先は、オフィスビルでも、工場内の研究室でもなく、欧米風の一戸建て住宅が建ち並ぶ郊外の別荘地だった。その一つ、4階建ての建物では、平均年齢28歳の若者、約30人が集まり技術開発に当たっていた。昼休みには1階の居間に皆が集まって出前の弁当を食べながらお喋りをしている。ベランダには洗濯物も干してあり、生活臭が漂っていた。まるで大学生のサークルの合宿のような雰囲気に驚いた。

案内された部屋では、パソコンや3Dプリンターなどの機器が並び、ラフな格好の若者たちが物体認識のソフトウェアや、車に搭載する装置などの開発に当たっていた。また試験走行で撮影された車窓の映像を元に、AＩ（人工知能）を使って人や車の認識力を高める「ディープラーニング（機械学習）」が行われていた。彼らは「車体」ではなく、自動運転の

「システム」を開発しているため、自動車会社というよりは、ＩＴ企業そのものだった。

開発に使われていた車は、アメリカの高級車リンカーンだ。車のルーフ部分には複数の機器が取り付けられている。レーザー光を使った「Ｌ・ｉＤＡＲ」と呼ばれる六つのセンサーに加え、三つのミリ波レーダー、八つのカメラなど、全部で17の検知機器が備えられている。これらが、いわば自動運転車の目となり情報を収集する。収集された情報を分析し、車を操作するのが、彼らが独自に開発したＡＩ「ディープフュージョン」だ。ロードスター・ａｉの技術を急速に進化させたのは、この「ディープフュージョン」を開発したことがきっかけだった。

これまでの検知機器では、雨や雪などの悪天候や夜間に認識率が下がり、死角が生じてしまうという弱点があった。また機器の種類によって、認識できる距離や形状などが異なるため、それぞれのデータを、どううまく処理するかが課題だった。ところが彼らが開発した「ディープフュージョン」では、この膨大なデータを瞬時に融合して分析することで、人や車を認識できる確率を一気に高めることができる。さらに、人や車の今後の動きまで予測することで、高度な自動運転が実現できるというのだ。

既存のセンサーを融合させるだけで、自動運転能力を劇的に向上させられるとあって、

ロードスター.aiが開発を進める自動運転車

ロードスター・aiは一気に世の中の注目を集めた。

実際に車に乗り込み、街中での試験運転を体験させてもらった。中国の道路状況は、日本よりも複雑だ。交通量が多く、運転の荒いドライバーも少なくない。出前の電動バイクが、道路の進行方向などおかまいなしに行き交っている。しかし、その街中を進む自動運転車の乗り心地はスムーズだった。

安全のため運転席にドライバーはいるが、ハンドルに手を添えているだけで操作はしていない。車線変更や交差点での左折もスムーズに行われ、大型トラックが前方右斜めを徐行していたらやや左に膨らんで通り過ぎた。

別の中国のベンチャー企業の自動運転車に試

乗したことがある。その車は、ハンドルの動きがガクガクしていて、前進や停止がやや急だった。

しかし、ロードスター・aiの車の運転は自然で、技術力の高さを感じた。目をつぶっていたら人の運転と区別が付かなかったかもしれない。車内に設置されたモニターには、リアルタイムでカメラの映像やセンサーによる空間地図が表示されていた。連日、試験運転を繰り返し、データを集めて改善につなげているという。

会社を案内してくれたのは、ロードスター・aiの首席戦略官を務めているTシャツ姿の若者、那小川《なしょうせん》氏（32）だ。那氏は会社について、「私たちはみんな若者で、大学内の先輩や後輩のように仲がいいんです。アメリカのシリコンバレーのベンチャー企業のような雰囲気ですよ」と紹介し、自分たちの技術にこう胸を張った。

「私たちが開発した技術は、すでにアメリカに肩を並べ、世界最高レベルに達しています。自動運転は疲れず、飲酒運転もせず、感情的にならず、反応速度も速く、人の運転よりも安全です。私たちの人材は世界一流で、中国の開発環境も世界一です。自動運転の世界でナンバーワンになって、私たちの技術を世界に広めたいですね」

この若者たちに「世界最高レベルの技術」が、なぜ開発できたのだろうか。その秘密は、彼らの経歴にあった。

革新的な技術開発の裏に「海亀」あり

那氏は、社員を一人ひとり見渡して言った。

「我々にはグーグル、アップル、テスラなどで働いた経験者が豊富にいます。彼らがいるから、急速な技術開発が可能なのです」

社員の多くが、欧米の大学や大学院で学び、現地の企業で経験を積んだ後、中国に帰ってきた若者たちだった。海外留学から帰ってきた人材は、中国語で「海から帰る」、と「海亀」という単語の発音が同じことから「海亀《ハイグェイ》」と呼ばれ、中国で急増している人材だ。

背景には、海外で学び、経験を積んだ優秀な人材を呼び戻して、国内の発展に生かそうという中国の政策がある。中国教育省によると、2018年までの5年間で220万人余りが帰国しているという。優秀な若者には、起業資金を援助したり、家賃や税金を優遇したり、都市部での戸籍を取りやすくしたりして帰国を促している。

さらに「千人計画」という政策では、高額の補助金や研究資金の提供など破格の待遇を用意することで、海外で博士号を取得し著名な研究機関等で働く中国人を呼び戻したり、外国人を招いたりしており、これまでの10年間でおよそ8000人の高レベル人材が中国に来ているという。中には、ノーベル賞を受賞した外国人の研究者も含まれている。

こうした優秀な技術者を惹きつけているのが、中国の潤沢な研究開発費だ。総務省の「平成30年科学技術研究調査結果」によれば、中国の科学技術の研究費は4512億ドル（2016年）で、10年前の約4倍に急拡大している。これは日本の2・36倍に達し、アメリカの8割あまり（88％）に迫る水準だ。海外で先進技術研究の経験を積んだ人材が、中国の豊富な研究開発費を活用することで、中国の急速なイノベーションを可能にしていたのだ。

鍵を握る「ダイナミックマップ」

ロードスター・a.iで3人いる共同創業者の一人で、CEOを務める衡量《こうりょう》氏（35）も海亀の一人だ。

アジアで最も優秀ともいわれる中国・清華大学で修士を、アメリカ・スタンフォード大学で博士号を取得し、「グーグル」や「テスラ」で働いた経験を持つ人物だ。「グーグル」では、ネット上の地図で周囲の環境をパノラマ写真で見ることができる「ストリートビュー」のチームに所属し、地図を作成するための車両のソフトウェアやハードウェアの設計を担っていた。さらに「テスラ」では、イーロン・マスクCEOの直轄で、自動運転の技術開発を担当という。まさに、自動運転技術の申し子のような輝かしい経歴だ。また、自らの息子の名前を、自動運転の業界で有名なグーグルの技術者の名前にちなんでつけたなど、自動運転の可能性に惚れ込んだ若者だ。

衡ＣＥＯは、最近開発したというある技術を説明してくれた。それが「ダイナミックマップ」と呼ばれる、三次元の高精度なデジタル地図だ。

ロードスター.aiの衡量CEOも海亀の一人

〝地図〟と表現すると、平面的なものを想像してしまうが、これはまったく違う。道路を中心とした街中のＣＧ映像のような〝地図〟なのだ。小さな色とりどりの粒子が集まって表現されていて、道路標識や、信号、白線などの情報、さらには周りにある商店、木々までがしっかりと描き出されている。センサーを付けた車で街中を走るだけで、この精細な地図が出来上がるという。

「世の中に出回っているグーグルマップを搭載しても、自動運転車はうまく走ることはできません。どこが出口でどこが入り口かさえ間違えてしまうでしょう。従来のマップでは情報が不足しているのです。もっと高精度の地図を用意する必要があります。これまでの地図は、3〜5メートルの誤差がありますが、この地図は、そのおよそ100倍の精度。誤差は3〜5センチです」

自動運転には、グーグルマップなどでは認識されていなかった様々な立体データが必要だ。アウディやBMW、ダイムラー、そして日本勢も、この高精細地図を作成する技術開発を進めているというが、衡CEOは、こうした競合企業よりも、さらに先を行くと話す。

「レーダーやカメラのデータを組み合わせて、3D空間に投影します。車線などの情報を自動で割り出し、グリッドと点で描写するのです。カラーの3Dの高精度マップの技術は、私たちが世界で初めてだと思います」

掲げられた壮大なビジョン

ロードスター・aiは、深圳だけではなく、北京やアメリカのシリコンバレーにも進出している。とくにシリコンバレーでは、約60社が熾烈な競争を繰り広げる中、走行試験を繰り返していた。彼らの急成長を全面的に支援していたのは、中国の複数の投資会社だ。中には政府系の投資会社の名前もあり、その総額は、１億９５０万ドル（およそ１２０億円）にのぼっていた。

なぜそこまで注目を集めているのか。それは自動運転システムが、従来の産業構造を一変させる革新的な技術だと見られているからだ。これまで、名だたる自動車メーカーがトップに君臨してきた自動車産業だが、自動運転時代が到来すれば、車の頭脳となるＡＩの技術を握った企業が優位に立つことができる。世界中の自動車メーカーにＡＩを供給し、巨額の利益を得られることになるのだ。

また、それぞれのＡＩから膨大なデータを収集することもできるようになる。従来の自動車メーカーは、自動運転のシステムを開発した企業の「下請け」のような存在になりかねない可能性さえある。

ロードスター・ａｉも、壮大なビジョンを描いていた。２０１８年11月。浙江《せっこう》省烏鎮《うちん》で開かれた「世界インターネット大会」の技術発表会。登壇した小柄な衡ＣＥＯは、技術者らしい落ち着いた語り口で、その夢を語った。

「20年前の通信技術や10年前のスマートフォンのように、我々の自動運転は人々の生活を大きく変えていくものになるでしょう」

ロードスター・ａｉは、２０２０年までに１５００台の自動運転タクシーを中国で走らせる事業を運営するほか、自動運転のトラックやバスの実用化も目指すという。さらに、自分たちの技術を海外企業に提供することも計画しているというのだ。

インタビューに対しても、とつとつと答え続ける衡ＣＥＯの姿からは、世界を相手にしているという気負いはまったく感じられず、どこか余裕さえあるように見えた。

「中国政府は、ハイテク産業を大きく支援してくれています。人材や企業、税収など、様々な方面で優遇策を与えてくれます。私たちが受けている融資は私たちの仕事の将来性を見越しての評価でしょう。だからこそ、どんな困難があろうともやっていく自信があります。少なくとも2年以内に、ウェイモと同じレベルに立ちたい。目標は世界一です」


「技術は自分たちで開発したもの」

取材を進めていく中で、私たちはロードスター・ａｉの急成長ぶりに、ある疑問も抱いていた。それは、「アメリカで獲得した知的財産を盗み、活用しているのではないか」というものだ。

技術者の多くが海亀で、海外の自動運転関連の企業で経験を積んだ者も少なくない。2018年7月には、アメリカのアップルで自動運転の技術開発に関わっていた技術者が、自動運転技術などを開発する中国のベンチャー企業に転職する際に、機密情報を盗み出したとして逮捕される事件も起きていた。米中の貿易摩擦で、中国による知的財産権の侵害が大きな焦点になっている時でもあった。

「企業のノウハウや技術などを応用することで、以前に勤めていた企業は怒りませんか?」

そう問い質した私たちに、衡CEOはこう答えて、疑念を否定した。

「知的財産に関わるものは直接持ち出していません。私たちが開発しているものは、すべて新しい技術です。前にいた会社の技術は直接使うことはできないのです。そこで得た経験は活かしていますけどね」

日本も含めどこの国の若者も、アメリカなど技術の進んだ国に留学し、経験を積んだ後、母国に戻って技術発展に貢献してきた。ロードスター・aiでも、海亀たちにアメリカでの大学や企業での経験があってこそ、急速な技術の進歩が可能だったのは間違いない。アメリカが警戒する中国への技術流出は、どこからが盗用で、どこからが経験としての活用なのか、白黒で線引きすることの難しさを感じた。

緊張感高まる新オフィス

２０１８年12月。オフィスは、これまでの小さなコテージから一転、深圳の高層ビルの15階に移っていた。出迎えてくれたのは、経営戦略の責任者である那氏だった。

「会社の看板も、できたばかりなんです」

オフィスの入り口に掲げられていたのは、会社のロゴマークだった。黒のベースに浮かぶ流線型の車。そして「ROADSTAR.AI」の文字。バックライトがつくと、黒い看板が淡く光った。初めて「会社らしい」雰囲気になったと感じた。一方、那氏のいでたちは、以前と変わらずサンダルに半パン、Ｔシャツ姿のままだ。

「深圳という町は寛容なので、私はずっとこういうスタイルです。こちらでは問題ありませんよ」

そう語る那氏に、オフィスを案内してもらった。オフィスでは、以前の3倍以上、１００人近くの技術者が働いていた。アップルの元技術者だという男性にカメラを向けると、話はしてくれるが、なぜか以前よりも口が重い。

「秘密保持契約がありますので、詳しくは言えませんが、前の会社の1〜2年前にやっていたレベルのことに今取り組んでいます。レーザーや画像を扱う技術は今の会社でも応用できています」

学生サークルのような自由闊達さは残っているが、カメラを警戒する雰囲気も生まれ始めていた。これまで撮影可能だったレーダーによる空間分析の画面も、撮影が許されなくなった。重要な自動運転のシステムや自動運転車の組み立てに関わる作業も、鍵がかかる別のプロジェクトルームで行われており、ここでの撮影もほとんど許されなかった。

120億円もの投資を受け、会社が一気に巨大化する中で、責任や緊張感が生まれているのと同時に、技術の盗用を恐れているのかもしれない。あるいは米中の貿易摩擦を受けて、中国による知的財産権の侵害に注目が高まったことも影響しているのではとも感じた。

また、こんな出来事もあった。オフィスの様子を撮影していると、従業員の一人が大きいマスクをして後方からゆっくり近づいてきて、「カメラに1フレームも映りたくないんです。絶対に映らないようにしてくれませんか」と私たちに懇願したのだ。彼は、遠巻きにでも映っている映像は確実に削除してくれと念を押し、オフィスの端に移動して作業を始めた。

ここにいることを、誰かに知られるとまずいのだろうか。以前に勤めていた会社なのか、親なのかはわからないが、異様にカメラを警戒していることに違和感を覚えた出来事だった。

新オフィスの壁には「ゲーム・オブ・スローンズ」というアメリカの人気ドラマを参考にしたという、AIの開発をめぐる米中の「今」が描かれていた。燃えさかる炎が戦場を覆い尽くす一場面だ。そこで咆哮するのは、巨大な一匹の龍。その龍に立ち向かうのは、馬に乗った小さな騎士だ。手には、一本の長い槍が握られている。

巨龍といえば中国……そんな思いから「この龍があなたたちですか？」と聞くと、那氏は首を横に振って言った。

「我々はまだ小さな会社です。巨大な龍は私たちが目指す姿です」

グーグルやアップルなど、アメリカの巨大IT企業を巨大な龍に。それに立ち向かう自分たちの姿を小さな騎士に見立てたという。那氏の目は闘志に燃えていた。

「今のところは、騎士ですが、会社が大きくなれば龍になります。過去1年で、すでに想像を超える成果が出始めています」

さらなる莫大な投資話も

東京大学情報理工学系研究科に留学し、修士を取得した経験を持つ那氏。卒業後は、大手外資系コンサルティング会社や中国の大手投資銀行に勤めてきた。日本語・英語が堪能で、ロードスター・ａｉでは、その経験を生かし莫大な資金調達に貢献してきた。

そんな那氏にとって、会社の命運を左右する投資話が転がり込んできた。

「どうぞよろしくお願いします」

そう言って現れたのは、スーツ姿の３人の男性。中国政府系投資会社だといい、その運用額は、なんと１兆円を超えるという。

この日は、投資会社の重役まで会社を訪れ、ロードスター・ａｉの将来性を見極めようとしていた。

「あなたの会社は、すでに１億ドルを集めているそうですね?」

「はい、そうです」

「今回は、いくら融資して欲しいのですか?」

「１億〜２億ドルは欲しいと思っています」

那氏は自動運転技術を支えるＡＩがいかに優れているかを売り込み、資金の獲得を狙う。

「自動運転車が走行すると同時に、３次元の地図が出来上がるんです」

「これは、人工衛星から撮影した画像ではないのですか⁉」

「違います。我々が作った地図の俯瞰モードになります」

那氏から自動運転に関わる最先端の技術や、将来的なビジョンについて説明があった後、実際の自動運転車も見学した投資会社の重役。反応は上々だった。固い握手を交わして、今後も話し合いを重ねていくことを約束していた。

「今回は、とてもいい話し合いができました。ロードスター・a.iのことをもっと知りたい。この会社が発展することを期待しています」

商談の後、那氏に話を聞くと、もう投資が決まったかのような大きな自信をのぞかせていた。

「おそらく投資してもらえそうです。この投資会社とはやりとりを重ね、先方も有望視してくれています。次は投資の額を決めてくれるでしょう」

地方政府よりスタートアップ企業が上に立つ

ロードスター・a.iなど、力のあるスタートアップ企業は、中国の地方政府から誘致の声も多くかかる。取材に訪れた日、広東省仏山《ぶつざん》市が、自動運転に関わる企業を招いて「沸山深圳ＡＩ運転産業交流会」という企業誘致のイベントを開いていた。

このイベントに、いつもの短パン・Ｔシャツ・サンダルというラフなスタイルで那氏が現れた。中国国内で新たな拠点を探していたこともあり、具体的に家賃の補助や税制面で、どのような優遇措置が講じられるのかを知りたいと参加を決めたという。会場は50人ほどが集まるホテルの一室だったが、その全員が那氏の姿を二度見する。ほぼ全員がスーツ姿の中で、確実に一人浮いているのだ。

周りの目は、一切気にする様子もない那氏。札が用意されていた席に座ると、机の上に置かれた市の参考資料を読み始めた。止まっていた時間が動き出すように、那氏の様子を見ていた市の関係者たちが、次々と声をかけ始めた。

「ロードスター・ａｉの那さんですか？　仏山市をよろしくお願いします」

「那さん、このあとの予定はどうなっていま

ロードスター.aiで首席戦略官を務めていた那小川氏

すか？　連絡先を交換してもらえますか」

スーツ姿の関係者たちが、那氏と名刺交換しようと長い列を作り始めた。

一人の寝癖頭の若者に、地方政府の役人などが目の色を変えて群がっている光景は、少し不思議に思えたが、ロードスター・a:iの注目度を体現している光景でもあった。

「仏山市は、広東省内の3大自動車生産基地の一つです。600以上の自動車部品を扱う企業が自動車製造を支えています……」

これまで自動車関連産業の拠点として発展してきた仏山市は、自動運転時代という産業構造の大転換点を見越して、新興企業を囲い込もうという戦略に出ていた。しかし、仏山市の担当者から詳しい説明がなされている途中、那氏が突然立ち上がり、そのまま会場を出てしまった。我々は走って後を追いかける。「帰る」という那氏をとどめ、その訳を尋ねた。

「この会議はあまり面白くない。特別な政策を何一つ出していません。時間を無駄にしたくないので」

佛山市の担当者が話しているのもお構いなしに、大きな音をたてて扉を開け会場を後にした那氏。面子を重んじる国民性からすると、担当者はいい思いをしなかっただろう。しかし、コードスター・a.iにとっては、威長のみが「絶対」である。中国の未来に直結する技術になる可能性さえあるのだから。そう考えると、那氏の態度は理解できなくはないと感じた。

中国製AIめぐり頭を悩ます日本企業

日本からロードスター・a.iを訪れるために深圳にやってきたという専門商社の姿もあった。海外の最先端技術を日本に売り込むという。

「ロードスター・a.iさんの自動運転技術というのが、クオリティー的にも実証のレベル感的にも非常に先端を行っているので、ぜひその技術を日本のお客さんに提供したいなということで来たんです」

彼らはロードスター・a.iの技術を使って、日本国内でバスやタクシーの自動運転事業を展開したいと考えているという。しかし、日本に導入する上で頭を悩ませていることがあると語った。

「詳しいことは話せないのですが、日本のマーケットというのは、非常にセンシティブなんです。導入に当たっては、日本のお客さんが中国の技術を受け入れてくれるように、丁寧に説明することがすごく重要で、我々商社というのはそこが役割だと思っています。日本のメーカーさんや消費者さんに、いきなり『中国の技術で乗ってください』と言っても、そこは当然センシティブなんです……」

いくら技術的に優れていても、中国の自動運転技術だとわかった時点で、消費者やメーカーが逃げてしまう可能性があるというのだ。そこで、検討されていたのが、ロードスター・a・iの人工知能を〝ブラックボックス化〟することだった。つまり、タクシーやバスなどサービスを提供する事業者にはもちろんのこと、自動運転の機器を製造する事業者にも、どこのどんな技術を使っているのか、一切公開しない形で導入できないかと考えているという。

「すべてをブラックボックス化して、ロードスター・a・i社と一緒に、日本市場に提案していきたい。2020年の東京オリンピックまでには、実証車という形では見られると思います」

「MADE IN JAPAN」と書かれた製品の〝頭脳〟だけが、いつのまにか中国製に入れ変わっているという時代が、もうすぐそこまで来ているのかもしれない。

日本に狙いを定めたロードスター・ai

独自に日本への進出も狙っているロードスター・ａｉ。那氏は２０１８年から頻繁に日本を訪れ、自分たちの技術を売り込む足がかりを作ろうとしていた。

「日本はすごく魅力的です。というのは、市場としては、実はそこそこ大きいんですよね。日本人はよく『我々は島国だ』と言いますが、とはいえ1億３０００万人の人口がいるわけですよね。ハーフサイズのアメリカと考えれば、けっこう大きな市場なんですよ」

２０１８年の年末。我々は、那氏の日本への営業行脚に同行した。午前中、まず訪れたのは東京で開かれていた次世代の交通技術の展示会だ。参加していたのは、那氏の会社同様、自動運転に活用できるシステムや部品を開発する日本企業。自動車部品メーカーのデンソーなど、大手企業を含め１００社近くが参加していた。

日本でも、那氏は無駄なことには時間を使わない。早速、早足で会場を回り始めた。レーザーを使ってインフラの計測を行う会社など、自分たちと似た技術を持つ会社のみ、足を止めて話を聞いていく。しかし、会場を回ったのはわずか30分。名刺交換さえしなかった。

「日本勢のライバルもなくはないんですけど2社くらいかな、まだまだですよ、技術力は。まあちょっと、知識が若干増えたって感じですかね」

感想を聞くと、お世辞は一切なし。自分たちの技術が日本企業より格段に優れていると実感し、余裕の笑みを浮かべていた。

那氏が〝勝負の場〟だと考えていたのは、夜に参加を予定していた、日本の自動車関連企業との交流会だった。100社近くの社長や幹部が一同に会し、夕食をともにしながら情報交換をする場だ。一度の営業行脚で、今後のビジネスにつながる相手に出会える確率は100人に1人だと感じるなか、限られた時間で多くの人と名刺交換ができる交流会は〝極めて効率がいい〟のだという。

受付開始早々に会場入りした那氏。服装も、中国ではまったく見られなかった襟付きのシャツに長ズボンだ。周りはタキシードやスーツなので、それでも少し浮いてはいるが、彼なりの気遣いが感じられた。

交流会の冒頭。那氏は海外からのゲストとして、挨拶の時間をもらっていた。

「我々ロードスター・a.iというのは、中国における自動運転レベル4の開発を行っておりまして、できれば日本市場にも進出したいと思っています。皆様のご協力をぜひよろしくお願いいたします」

午前中とは打って変わった低姿勢。流暢な日本語も武器に、自ら名刺交換に動き回り、日本企業側からも興味を持たれていた。

「すごいですねロードスター・a・iさん。なぜそんなに早く自動運転を展開できたんですか？」

「うちの創業者は今日のプレゼンでは言わなかったんですけど、テスラとかグーグル、アップル、そういう会社の経験者なんです」

自社の強みを積極的に売り込んでいく那氏。この日の手応えは上々のようだった。

「日本人とビジネスする際に、英語でもできなくはないんですけど、信頼感が得られないんですよね。日本は割合と信頼のもとで成り立っているビジネスが多いので。だから、8年間の日本での留学経験を活かして、会社のために第二の市場を開拓できたらいいなと思っています」

すでに進められていた日本企業との事業

商談を重ねる中で、那氏はすでに日本企業との共同事業にもこぎつけていた。

この日、打合せに訪れたのは、自動運転バスを開発している都内のベンチャー企業。社長は、トヨタ自動車などで30年近く自動運転の開発に関わってきた技術者だ。売り込みを受けた当初はロードスター・a・iの技術を信用しきれなかったというが、実際に深圳まで出向き、彼らが開発した自動運転車に試乗して技術レベルを確認。そこで体感した彼ら独自のAIを用いた認識技術「ディープフュージョン」に衝撃を受けたと語った。

「自動運転で一番難しいのは、交差点の通過です。たくさんの車や歩行者が行き交うなかで、周辺の情報を全部入れないと行動を決められないのですが、ロードスター・a・iの自動運転車は、地図情報と独自の認識技術だけで、どんなに交通量の多い交差点でも、まったく人間のオーバーライド（自動運転から手動運転への切り替え）がなく通過できる。そこにレベルの高さを感じましたね」

このベンチャー企業が目指しているのは、事故の確率を限りなく低く、100万回に1回というレベルに抑える自動運転だ。既存の技術の改良だけではこのレベルに到達できず悩んでいたなか、「ディープフュージョン」を使えば目標に近づけると判断したという。

実際に、ロードスター・a・iの技術を用いて、2020年にも都内で実証実験を行う予定の自動運転バスの開発に着手し始めていた。

「乗用車の場合は比較的（車体が）小さいので認識が楽なのですが、バスの場合、周辺が非常に複雑なので。複雑な認識についてはロードスター・a・iさんに期待しているし、ともに技術を補完し合って開発スピードを上げていきたい」

日本でも、自社の自動運転技術を展開できると見込んでいる那氏。取材の最後、多くのバスやタクシーが行き交う渋谷の交差点を見つめながら、那氏は静かに笑みを浮かべた。

「日本は、この業界では、ある意味〝ブルーオーシャン（未開拓市場）〟です。我々は失敗を恐れていません。大企業は（自動運転の実験で）事故を起こした時のリスクを恐れてなかなか開発のスピードを上げられないので、結局、我々のような会社がやるしかないんです。バスのプロジェクトを皮切りに、日本にどんどん進出できたらいいなと思っています」

突然告げられた〝取材拒否〟

日本での那氏の撮影も終わりを迎えていた2018年末、米中対立の影響を直に感じる出来事が起きた。ロードスター・ａｉの広報から電話があり、突然〝取材拒否〟を突きつけられたのだ。

「地元当局から、敏感な時期なので外国メディアの取材は受けるなと連絡が来ました。申し訳ないですが、以後の取材に応じることはできません」

具体的な理由の説明はなかったが、「敏感な時期」の意味は容易に想像がついた。ちょうどその頃、世界中でファーウェイの孟副会長の逮捕が連日報道されており、「米中貿易摩擦」がエスカレートしていたからだ。

これまで中国政府は、5Gや次世代自動車などハイテク分野で技術力を向上させ、2025年までに製造強国の仲間入りを目指すという国家戦略、「中国製造2025」を掲げてきた。しかし、貿易交渉を進めるアメリカを刺激しないようにするためか、2018年後半頃から、中国メディアにこの政策が登場することはなくなった。

今回、地元当局による〝取材拒否〟の要請の裏には、ハイテク技術の発展ぶりが外国メディアに強調され、アメリカを刺激することにつながるのは好ましくない、という判断が働いたものと見られる。

呆気ない結末にも、中国イノベーションの勢いを垣間見る

急速な成長を遂げたロードスター・a.iだが、まさかの事態が発生した。2019年3月、関係者から「ロードスターが潰れたようだ」と連絡が入った。

那氏に連絡をすると、「創業者同士の内紛が原因で、会社が操業停止状態になりました。

銀行の口座が凍結され、給料の支払いも困難になり、予想外の事態です」と言うではないか。

共同創業者の間で経営の主導権をめぐって争いが起きて社内が分裂状態になり、それを嫌った投資家が資金の回収を求める訴えを起こして会社の資産が凍結され、資金繰りがショートしたという。そのため技術者たちは散り散りになり、オフィスはもぬけの殻になってしまったようだ。

取材中、創業者同士の関係が悪化しているという話は聞いていたが、まさか操業停止に陥るとは思わなかった。スタートアップ企業だっただけに、組織運営に問題があったのかもしれない。新興企業の呆気ない幕切れだったが、中国のイノベーション業界の変化の激しさと、アメリカが警戒するハイテク産業の成長力を実感させられた出来事だった。

しかし、ロードスター・aiの技術者たちが自動運転の開発を断念したわけではない。彼らは、すでに次に向けた動きを加速させていた。衡CEOに連絡を取ると、「今回の件は本当に残念です。ただ今後も自動運転の開発は続けます。新たに会社を作るのか、別の会社に移るのかはまだ検討中です」と、メッセージが返ってきた。別の共同創業者はすでに、新たな自動運転のスタートアップを立ち上げたという。一方の那氏は「新たに投資会社を作り、すでに別の自動運転会社のサポートに関わっています。興味はありますか？」と言う。

会社は崩壊したが、わずか1年で世界最高レベルの自動運転技術を生み出した彼らが、今後も中国の最先端技術の担い手であることに変わりはない。深圳ではスタートアップ企業が相次いで誕生し、事業に失敗した者も数多いが、その中からロードスター・aiのようにキラリと光る企業も続々と登場している。

ハイテク産業の振興を掲げる中国政府や、成長企業を探す投資会社たちの後押しを受け、衡や那のような若い挑戦者たちが今後も頭角を現していくだろう。アメリカが警戒するのは、自国で学んだ優秀な海亀たちの技術力と、国を挙げてハイテク技術の発展にしたたかに取り組む中国政府の実行力なのだろう。

第1章　躍進する中国

——ＡＩを制するものが世界を制す

1　次々と躍進する中国系自動運転ベンチャー

グローバル企業を目指す〝中国系〟企業

世界一を目指して急成長を遂げながら、内紛が原因で操業停止状態となってしまったロードスター・ａｉ。しかしこれで、中国の自動運転ベンチャーの勢いが止まったわけではない。中国のＢＹＤオート（比亜迪汽車）や上海蔚来汽車など各社が自動運転車の開発を進めている。その中でも他社とは異なる戦略で世界のマーケットを狙う会社がある。ポニー・ａｉ（中国語表記：小馬智行）だ。ポニー・ａｉは創業から2年で、世界最高レベルの自動運転技術「レベル4」の試験走行を始めたベンチャー企業。先行するグーグルのグループ会社・ウェイモを猛追しており、「グーグルのライバル」とも呼ばれている。

ポニー・ａｉが他の中国の企業と違うのは、シリコンバレーに本社を置いていること。

本社があるのは、同じく自動運転の開発を進めるテスラ社のすぐ近くだ。受付の白人女性に来訪を告げて入った社内には、12月下旬ということもあり、クリスマスツリーなど赤と緑の飾りであふれていた。中国風の内装は、一切見当たらない。従業員の半分以上は中国人だが、アメリカ人技術者の姿もあり、社内で交わされている言葉は英語だった。

ポニー・ａｉのトップを務めるのは、中国出身の彭軍《ほうぐん》ＣＥＯ。英語名でジェームスと呼ばれている彼に、ポニー・ａｉを「中国企業」と呼んでいいのか、それともシリコンバレーで創業した「アメリカ企業」と呼ぶべきかと聞くと、「どちらでもない」という答えが帰ってきた。

「私たちは『グローバル企業』として位置づけられたいと願っています。私自身も中国で生まれてアメリカの大学に通った『米中のハイブリッド』な存在ですし、会社が急成長できたのも国境を越えて人材が行き来できるようになったグローバル時代のおかげですから」

彭ＣＥＯは名門スタンフォード大学を卒業し、グーグルなどで技術者として働いていたという。他の従業員も同業他社からの引き抜きが多く、アメリカの人材・情報・技術を取り込み急成長してきた。そして今では、北京と広州にも拠点を置くようになった。〝グローバル企業〟を標榜しているが、現時点ではアメリカで生まれ育った〝中国系〟企業といったところだろうか。

米中のはざまで悩むポニー・ai

〝ジェームス〟こと彭CEOが自らを「米中のハイブリッド」と呼び、アメリカと中国にオフィスを構えるポニー・ai。まずは中国、そして次にアメリカのマーケットに進出し、ゆくゆくは世界で自分たちの自動運転車を走らせることを目標としている。

そんなポニー・aiをいま悩ませているのが、アメリカと中国の関係悪化だ。米中は2018年3月から関税をかけ合う貿易戦争を繰り広げており、ハイテク分野では中国の通信機器大手・ファーウェイをめぐる訴訟などのつばぜり合いを激化させている。こうした状況が悪化することを、彭CEOは恐れているのだ。

「現時点では貿易や知的財産が米中間の問題となっていますが、今後これが人材・情報・技術の自由な行き来を規制する動きとなってくると、技術開発が止まってしまうかもしれません。

会社のイメージの問題もあります。アメリカ国内で『中国企業』や『中国人』のイメージがよくなってきたところだったのに、それに逆行する風潮は我が社にとっても好ましいものではありません」

ポニー・a.iが〝グローバル企業〟を標榜するのも、アメリカの同業者や投資会社から「中国企業」というレッテルを貼られて、人材や投資を取り込むのが難しくなるのを避けたいという思いからだろうか。

「この状況で私たちにできることは、中国系企業や技術者がいかにアメリカに溶け込んでいるかを実証するため、両国の人材や技術を掛け合わせて、革新的な技術を生み出していくことだけです」という彭CEO。アメリカで中国人が立ち上げたベンチャー企業は、米中貿易戦争という嵐をやりすごして世界に打って出ようと、虎視たんたんと技術に磨きをかけていた。

2 「国ぐるみ」で狙うアメリカ超え

中国政府が打ち出す「中国製造2025」

自動運転・AIのテクノロジーで、先行するアメリカを脅かすまでに成長している中国のハイテク産業。その背景にあるのが、いわば「国ぐるみ」でアメリカ超えを狙おうという、中国の産業政策だ。

改革開放政策の導入から40年が経過し、あらゆるところで資本主義に近づきつつあるものの、中国はあくまで社会主義の看板を下ろさず、今でも「五カ年計画」を作り続けており、国家主導の様々な産業政策が策定されている。なかでも今、最も注目されているのが、米中の貿易摩擦でも話題にのぼる「中国製造2025」といえるだろう。

アメリカがやり玉に挙げる「中国製造2025」とはいったい、何なのか。そして、何が問題視されているのか。

「中国製造2025」が正式に発表されたのは2015年5月。中国の内閣に当たる国務院が公付した。しかし、これに先立つ2年前、中国政府は製造業の高度化を目指して「製造強国戦略研究」を始めており、正式公付の前に行われた2015年3月の全人代＝全国人民代表大会でも、李克強首相がこの先1年間の重要政策を説明する「政府活動報告」の中で「産業構造の高度化を進め、「中国製造2025」を着実に実施しなければならない」と言及している。

「中国製造2025」が目指すのは、建国100年に当たる2049年までに世界のイノベーションを先導し、「製造強国」としてトップクラスに立つ中国の姿だ。その実現のためには、まずは2025年までの最初の10年間で「製造大国」から「製造強国」に脱皮することを目指しており、「中国製造2025」では、そのための具体策や数値目標が示されている。

「製造大国」から「製造強国」へ

製造「大国」と製造「強国」。あまり聞き慣れないこの二つの言葉が、中国指導部の産業構造転換への危機感を表す象徴的ワードといえる。1978年の改革開放の実施以来、40年。かつての中国は安い労働力と外国資本の導入を背景に、大量の労働と資本を投入された製造業が各国に安い製品を輸出する「世界の工場」として急速な経済成長を続けてきた。それは量と規模で各国を圧倒する「製造大国」モデルといえる。

しかし、内陸部からの労働供給の制約などに伴う人件費の上昇、さらにはベトナムやミャンマーなど中国よりもより安く労働力を提供できて、一定の質も確保できる東南アジア各国が台頭してきたことで、従来のような成長モデルが維持できなくなっている。かつては2桁が当たり前だったGDPの伸び率も2010年の10・6%を最後に、ほぼ前年を下回る傾向が続き、2018年は前年比6・6%と、天安門事件の影響を受けた1990年の3・9%以来の低水準にとどまっている。

ここに至って、中国指導部が目指したのが、先進国の技術を使った請負い型の産業から、自らが高い技術力を身につけてイノベーションを起こし、より高い付加価値を生み出す産業構造への転換であり、それを実現した姿こそが「製造強国」というわけである。

「中国製造2025」は何が問題なのか

「製造強国」実現に向けて「中国製造2025」では何を打ち出したのか。この中では製造強国を目指す上で、成長産業として重点的に取り組むべき10の産業分野を定めている。そこには航空宇宙産業やバイオ医薬・高性能医療機器と並んで、新世代情報技術や新エネ自動車など、AIや次世代通信規格「5G」を活用した、自動運転やコネクテッドカーにつながる技術も列挙されている。

さらに、「中国製造2025」の特徴が、製造強国実現に向けた各種の数値目標を定めたことだ。2025年時点での製造業のR&D＝研究開発支出や特許件数といったものから、重要産業における核となる部品や素材の国産化比率を「2020年には40%、202

5年には70％とする」という目標も含まれる。

実は米中の貿易摩擦でも、この部分が「中国製造２０２５」の問題点として指摘された。アメリカをはじめとする欧米の産業界は、中国に対して従来から、外資系企業に厳しい出資規制を敷き、市場参入に高いハードルがあると批判してきた。これに対して、中国も外資系企業の出資上限を徐々に引き上げたり、規制分野を削減したりするなど市場開放を進めてきたところだ。

それが、今後の経済成長の鍵を握るハイテク分野すなわち、アメリカが中国側をリードし、外資系企業にとって稼ぎ頭にもなり得る分野で中国が国産化目標を掲げることは、これまでの市場開放の取り組みに逆行するものであり、中国国内での事業活動にも大きな影響を受ける、としているのだ。

さらに、アメリカ側が批判を強めるのが、「産業育成」の名の下に行われる、中国政府の自国企業に対する不透明な補助政策だ。そもそも社会主義を掲げる中国では、市場化が進んだとはいえ、鉄鋼などの素材分野をはじめとする重要産業では、いまだに国有企業が大きなウェートを占めている。そうした国有企業は工場用地の払い下げに始まり、銀行による事業資金の低利融資など様々な優遇を受けていると指摘されてきた。

「中国製造２０２５」で重要産業が指定されることで、中国企業が再び政府から様々な支援を受け、外国企業との公平な競争条件をゆがめることになるのではないかと、危惧されているのだ。

中国政府はそうした見方を否定するが、政策の発表された２０１５年から2年間で中国では政府が出資する産業投資ファンドが次々と設立され、その資金規模は２０１６年末時点で3兆元、日本円で50兆円を超える規模に達している。そのすべてが政府資金というわけではないが、こうしたファンドが出資・投資先を決定する際に、自国企業に対する審査が優先されるであろうことは容易に想像される。

そうした資金力が今後、アメリカをはじめ外国企業が中国と技術的に争っていく上で脅威になっていくかもしれないのだ。

圧力を受ける中国。産業政策はどこに向かうのか?

アメリカからの圧力を受ける中国の産業政策。貿易交渉が進む中で、転換は進むのか。実は中国ではアメリカとの貿易摩擦が激化するにつれて、政府高官の発言や公式メディアなどから「中国製造２０２５」というワードがめっきり姿を消している。さらに、アメリカの有力紙「ウォールストリートジャーナル」も２０１８年12月、「中国指導部が『中国製造２０２５』の見直しを進め、２０１９年の早い時期に公表される見通しだ」と伝えた。

　報道に反していまだに中国側から新しい産業政策の発表はなされてはいないが、２０１９年３月の全人代でその先行きを占う出来事があった。李克強首相の政府活動報告だ。２０１５年の全人代以来、政府活動報告で必ず触れられてきた「中国製造２０２５」という言葉が、２０１９年は報告中に一度も登場しなかったのだ。アメリカとの貿易交渉が佳境を迎える中、中国として相手方に十分配慮を尽くしたといえるだろう。

　ただ、ここでも注意は必要だ。「中国製造２０２５」というワードこそ報告から消えたものの、李首相は今後の産業育成の方向性として「先進的製造業と現代サービス業の融合発展を促し、『製造強国』の建設を加速させる」とはっきりと言及した。さらにビッグデータやＡＩの研究開発を応用・強化し、「中国製造２０２５」で挙げた次世代情報技術や新エネ車などを育成するとも強調した。つまり、「中国製造２０２５」の看板は下げたように見せつつ、従来の産業政策になんら揺るぎはないということだろう。

　全人代期間中にはもう一つ、中国の産業政策を見る上で注目されるべき発言があった。中国の国有企業を管理する「国有資産監督管理委員会」のトップ、肖《しょう》亜《あ》慶《けい》主任の記者会見だ。外国メディアの記者から「中国政府の国有企業に対する『隠性補貼＝隠れた補助政策』」について質問を受けた肖主任は「我々の法律には国有企業に限定した補助金の規定はない」と述べ、アメリカが主張する優遇措置の存在を否定したのだ。

これらの発言を見る限り、「製造強国」を目指そうという中国の産業政策が根本的に変更されるということはありえないだろう。もちろん、従来の大量生産方式の「製造大国」から脱皮して、付加価値の高いイノベーション産業の育成を目指す中国の方針に対して、アメリカのみならず、外国が頭から否定することなどはできない。

しかし、ここまで力をつけた中国がさらに国家主義的な産業育成を続け、外国企業の市場参入を阻むような政策をとり続けるなら、それは西側諸国にとって大きな脅威となり、さらなる摩擦を招くことになりかねないだろう。

「製造強国」へのもう一つの課題

「序章」で触れた、中国がＡＩや自動運転といった分野で急速に技術力を伸ばした原動力となった海亀も、その摩擦の一因となり得る。

中国のＡＩや自動運転の分野の第一人者で、中国科学院自動化研究所の王飛躍《おうひやく》主任は、

「海亀」がこれまで果たしてきた役割を高く評価しつつも、それに頼った成長モデルには疑問を投げかけている。

王主任は自らも1980年代半ばにアメリカに留学し、25年にわたって現地でロボットや人工知能の研究を続けた経歴を持つ。王主任は1980年代〜90年代当時、アメリカと中国の学術レベルは比べものにならず、アメリカで得た知識は中国では学び得ないものだったと振り返り、「海外から戻ってきた人材が、中国の新たな近代化建設の中で重要な役割を果たしたことは、認めなければならない」と話す。

一方で王主任は、海亀に頼る発展モデルには懐疑的な見方も示す。海外で知識・技術を得た人材を優遇することは「短期的には効果が大きいが、長期的には必ずしもいいこととは限らない」と言うのだ。

王主任は中国が一流の製造強国を目指すにあたっては「他人が歩んできた道をオーバーテイクするのではなく、自身の指針を作り出し世界レベルをリードしなければならず、国内で育成した人材に頼らなければならない」と提唱する。

海亀が牽引する中国の発展モデル。この先、独自の画を描くことができるのかが問われている。

3　勃興する人材獲得ビジネス

海亀を狙うヘッドハンターたち

中国のハイテク分野での急成長を支える海亀。その海亀を最も多く輩出している街の一つが、アメリカのシリコンバレーだ。「中国人がいないとシリコンバレーはまわらない」と言われるほど多くの中国人技術者が働くこの街で、彼らに転職を促し、母国へ送り返すことが一大ビジネスとなっている。その中心となっているのも、中国系の企業だ。

　いくつものベンチャー企業がテナントとして入っている大きなビルに、その会社はあった。ヘッドハンティング会社「フライハイ・タレント（中国名：任鳥飛英才）」だ。ヘッドハンティング業という秘密めいたイメージとは裏腹にオフィスは広く明るく、20～30代の従業員がバランスボールに座ってパソコンをうったり、室内用のフィットネスバイクをこぎながら同僚と話したり、思い思いのスタイルで働いていた。いかにも「シリコンバレーの会社」といった自由な雰囲気だ。

このヘッドハンティング会社を率いる謝傑男《しゃけつお》CEOは30歳。長身でスーツがよく似合う青年で、自らのことを「英語名の〝ゲーリー〟で呼んでくれ」と、気さくに話し始めた。

ゲーリーCEOいわく、彼の会社は2014年創業。当初、アメリカで働く中国人を在米の中国系企業に紹介していたが、中国本土からの引き合いが増え、海亀として母国に送り返すビジネスに参入。今では会社独自のデータベースに4万5000もの人材を登録し、大量の技術者などを中国にある企業へ転職させているという。

4万5000人という膨大な数の登録者をどうやって集めたのかと問うと、ゲーリーCEOは「微信（ウィーチャット）とスターバックス、そしてパーティー。この三つの場所で探すのさ」と明かした。

一つ目に挙げた「微信」とは、中国のIT大手・テンセントが作ったSNS。微信に登録している様々な在米中国人グループに求人募集の投稿をし、オンライン上で転職希望者を探すのだという。またオフラインでも「スターバックス」などのカフェにヘッドハンターを出向かせ、「転職する気はないか？　履歴書を送ってくれ」と声をかけて回っているという。シリコンバレーではどこに行ってもグーグルやアップルなどの技術者がいて、誰もがよりよい待遇を求めているため、いますぐ転職する気がなくても将来のためにと履歴書を書いてくれるのだ。

ゲーリーCEOが挙げた三つ目の「パーティー」が開かれるのは、フライハイ社がより多くの人材を集めるためにオフィスの隣に開設した「フライ・ティー」というイベントスペース。そこで交流会や同窓会などのパーティーを開き、帰り際に参加者を捕まえて履歴書を書かせるのだという。イベントスペースまで作ったアイデアに驚いていると、ゲーリーCEOは今後の計画を教えてくれた。それは、運動不足のシリコンバレーの住民のためにスポーツジムを開くこと。もちろん、ジムで汗を流した人たちを帰り際に捕まえて「転職する気はないか?」と誘うのが目的だ。

こうしてかき集めた4万5千もの履歴書のデータベースをもとに、中国企業の要望に応じて人材を斡旋しているフライハイ社。会社のあちこちに小部屋やブースがあり、ヘッドハンターたちが転職候補者と面談を繰り返していた。ゲーリーCEOによると、大事なのは海亀候補の一人ひとりに担当者をあてがい頻繁に連絡を取り合うなど、「友達のように仲良くなること」だという。実際、ある面談では目鼻立ちのくっきりした女性の採用担当者が、男性の転職希望者に次のような話をしていた。

女性「あなたにふさわしい仕事が見つかるまで、私がお手伝いします。よかったら、私と連絡先を交換しませんか？」

男性「お願いします」

女性「こちらが、私個人の連絡先です」

男性「登録しました。ありがとうございます」

女性「では、いい仕事を探して、また連絡しますね」

面談が終わった後、女性の採用担当者は私たちに向かって親指を立てて、にっこりと笑った。「うまくいった」ということだろう。

急増する海亀への需要

創業から4年で、シリコンバレー本社に加え、ニューヨークや広州、杭州にも事務所を構えるまでに成長したフライハイ社。海亀の獲得ビジネスが急拡大した理由は、中国のハイテク産業の発展と、ＡＩ技術者などの人材不足がある。前出の国家戦略「中国製造２０２５」の号令のもと、中国では北京や深圳だけでなく様々な街が、ハイテク分野に力を入れて「第二のシリコンバレー」を目指す動きを拡大。その近道として、「元祖シリコンバレー」から優秀な人材を引き抜いて欲しいという需要が爆発的に増えているのだ。

フライハイ社にも、取引先である1200もの中国企業や投資家、地方政府の役人などが訪れ、AIやブロックチェーンといったハイテク分野の人材を斡旋して欲しいとの依頼が舞い込んでいる。世界的に技術者不足が叫ばれる中、かつて斡旋手数料を惜しんでいた中国企業も大枚をはたいて人材を求めるようになった。転職者に対して提示される給料や待遇も年々、好条件になってきているという。

「年俸100万ドル（約1億円）で足りなければ、150万ドル出す。それとも200万ドル欲しいか？」といった形で、中国マネーに物を言わせるオファーも珍しくないというのだ。

トランプ大統領が生んだ？ 海亀ブーム

海亀の急増には、もう一つの要因がある。それは、移民などの外国人に対して不寛容な姿勢をみせるトランプ政権の誕生だ。トランプ大統領は、選挙戦の最中から不法移民を敵視する発言を連発。就任後には、合法的な移民に対しても厳しい姿勢を見せてきた。こうした中、アメリカで学ぶ中国人留学生は卒業しても就労ビザの取得が難しくなり、技術者たちは転職の際にビザ書き換えの要件が厳しくなった。そこで、滞在期限が切れる前に「中国へ帰る＝海亀になる」という選択肢をとる人が急増したのだという。

実際、フライハイ社のオフィスで取材をしていると何度も「ビザ」という言葉を、耳にした。面談でビザについて話し込んでいた江蘇省出身の男性に話を聞くと、「できればアメリカに残りたいが、ビザが下りないので中国に帰るしかない。本当は中国には戻りたくないんだけど……」と打ち明けてくれた。

優秀な人材が引き抜かれるだけでなく、アメリカで就労ビザを得られなかった若者も中国へ海亀として戻っていくという実情。特に後者の若者たちは、自分を認めなかったアメリカに対抗心を燃やして、血まなこになってハイテク分野での開発を進めるのではないか。厳しい移民政策を敷くトランプ政権は、結果的に中国に「第二のシリコンバレー」をつくる動きを加速させてしまっているようにも感じた。

アメリカvs.中国〝人材獲得競争〟

これまで人材・技術・情報の流出を許してきたアメリカ。だがハイテク分野で中国の成長が顕著になる中、トランプ大統領は「中国はアメリカの人材や技術を盗んでいる」と焦りをあらわにするようになった。トランプ政権は2019年に入ってから「米国AIイニシアチブ」というプログラムを立ち上げ、国を挙げてAI開発に注力する方針を発表。AIの分野でもアメリカ・ファーストを狙おうというのだ。同時に、ハイテク分野の技術者など特殊技能を持つ外国人のビザ取得要件を緩和するなど、人材流出の巻き返しを図る政策を打ちだすようになった。

アメリカ政府が「中国は人材を奪っている」と訴えていることに対して、フライハイ社のゲーリーCEOにコメントを求めると、最初は「政治的な話はしたくない」と言葉を濁していたが、しばらく考えてから語り始めた。

「これまで、世界中から優秀なハイテク人材をかき集めてきたのはアメリカです。アメリカには高給を払う会社がいくつもあり、住居まで提供して技術者を移住させてきました。ほかの国が同じように人材を獲得するようになると、アメリカは『盗んでいる』と訴えてきますが、それはフェアじゃありません。私たちは盗まれたものを、盗み返しているだけです。

それに、中国人が外国で知識や技術を身につけ、国に戻って祖国の発展に尽力することのどこが悪いんですか。当たり前のことじゃないですか」

興奮してしまったのを自覚したのか、ゲーリーCEOは再び冷静になって、次のように分析して会話を終わらせた。

「トランプ大統領はビジネスマンです。人材流出に怒ってみせるのも、中国との貿易交渉を有利に進めるためのカードの一つなのでしょう。

私もビジネスマンです。海亀への需要があるから、人材を供給している。そして、斡旋手数料をもらう。それが私のビジネスです」

4 滴滴《ディディ》の衝撃

北京を変えた「ライドシェア」

たった1秒間に300以上の注文が入る脅威のアプリ。中国の「滴滴《ディディ》」をご存知だろうか。スマホで車両と乗客を結ぶ配車サービスで、5億人を超える利用者を持つ巨大ユニコーン企業。この分野の先駆者であるアメリカのウーバーと肩を並べる。2018年9月には日本にも上陸。私たちの生活にも無縁とはいえない存在だ。

２０１８年12月、吐く息が真っ白になるほどの極寒の北京のショッピングモールの前で目にしたのが、ひっきりなしに横付けされる滴滴の車だった。次々に降りてくる人たちの多さに圧倒されるが、その光景は家族や友人に車で送ってもらっているように見える。なぜならほとんどの車両がタクシーではなく、一般の乗用車だったからだ。

この一般のドライバーが自分の車に乗客を乗せる仕組みを「ライドシェア」という。日本では法律で禁じられている「白タク営業」と呼ばれ、ネガティブな印象が先行する。しかし、乗客たちに話を聞くと「毎日使っている」「これがないと生活できない」と口々に評価する。実際、滴滴の利用者は世界１０００都市・５億５０００万人にまで広がっているのだ。

ライドシェアがここまで広がった最大の理由は、〝タクシーがつかまらない〟というストレスを解消したことだろう。ただ、滴滴のサービスを実際に使ってみると、さらに多くの理由があることがわかってくる。まずアプリをタップすると、乗車場所と目的地を入力するようになっている。また、高級車、普通車、タクシーなどから好きな車両を選択できる。呼び出しをクリックすると近くの車と瞬時にマッチング。「到着まで3分」といった待ち時間が表示される。

料金支払いの工夫も細かい。乗る前にアプリ上に基本料金や距離料金まで掲載される。そして降車時に支払い行為がない。降りたあとにアプリに支払い金額が通知され、承認すれば決済完了。

さらに、料金も安い。中国の都市部の物価は、日本とそう変わらないレベルになってきたが、北京の中心部から空港までの35キロで124元（日本円で2000円程度）。交通状況は違うが、東京でこの距離を移動すると1万円は超える。

また、乗り心地が良かったかどうかをアプリから評価できる仕組みがある。この評価は滴滴にすぐに届く。過去の事件やトラブルの教訓も踏まえ、ドライバーにサービス向上の意識を植え付けさせている。

さらに、AR（Augmented Reality）の技術を使った新たなサービスの導入も始めていた。ARとは、実在の風景にバーチャルの情報を重ねて表示する「拡張現実」と呼ばれるテクノロジーだ。滴滴が始めたサービスは、敷地が広大な場所でスマートフォンをかざすと、画面に青い矢印が出てきて滴滴の車両の乗り場まで案内してくれる。空港やショッピングセンターで、1メートル刻みで案内の矢印を表示してくれるため、呼んだ車がどこに到着するかを心配するストレスを解消する仕組みだ。技術担当者は「建物の基礎データと利用者の位置情報を独自のアルゴリズムで計算している」と胸を張る。中国企業がここまで〝かゆいところに手が届く〟サービスを実現していることに驚かされた。

AIで都市を管理する「交通大脳」プロジェクト

利用の現場を取材したあと滴滴の本社を訪ねた。滴滴は創業7年で中国のBAT（バイドゥ、アリババ、テンセント）に次ぐ注目企業にまで成長した。今回、技術部門トップの張博《ちょうはく》CTOが、会社の心臓部を見せてくれた。

案内された部屋に入ると、暗闇の中から大きな液晶画面が現れた。そこには、無数の光がうごめいている。聞くと、滴滴が管理している車の動きをリアルタイムで把握しているという。滴滴には、毎日3000万もの車の移動データ、いわゆるビッグデータが入ってくる。7年間積み上げた膨大なデータにより、車と乗客をさらに効率的に結びつけるだけでなく、いつどこでどれだけの利用需要が発生するかまでわかるようになっている。

すでに15分後の予測は85％の精度まで上がっているという。これを実現しているのが膨大なデータを人間の能力を超えたスピードと精度で解析しているAI＝人工知能だ。産業界では、この〝ビッグデータ〟と〝ＡＩ〟を制するものが世界を制するとまで言われる。

滴滴の優位は明らかだ。滴滴は利用者の待ち時間だけでなく、ドライバーにとって最も悩ましい空車時間も減らした。ライドシェアはタクシー会社の客を奪うと見られることもあるが、滴滴は多くのタクシー会社に配車管理システムを提供。仲間に引き入れた。６００人のドライバーがいる北京のタクシー会社の経営者は「滴滴と組んでから空車率が改善し、売り上げがアッププした」と話した。

滴滴は膨大な移動データを学習し続けるＡＩを活用した「交通大脳」というプロジェクトも進める。言葉のとおりの壮大な構想で、ＡＩによって都市全体の交通をコントロールしようというものだ。

滴滴が収集できるのは、登録された車の移動データだけだが、「交通大脳」では、政府の協力のもと一般の自家用車、バスや鉄道のデータも一つのクラウドに収集する。都市ごとに設置されたＡＩが、道路上のあらゆる移動ビッグデータをリアルタイムで吸い上げ、分析。道路の信号や電子標識を自動操作して、最も効率的な都市交通を生み出そうとしている。

すでに中国の20都市でトライアルを開始し、渋滞が減って車のスピードが１・４倍に上がった交差点もあるという。

張ＣＴＯは、このプロジェクトが軌道に乗れば、最適な道路や地下鉄の建設計画を提案できるようにもなると胸を張る。

個人が車を持たなくなる!?

そして、自動車業界を揺るがす計画もある。ライドシェア（相乗り）を〝席単位〟にまで拡大するというのだ。滴滴は今は1台の車に1組の客を乗せているが、残っている空席を活用し、同じ方向に移動する人たちを集めて運ぶ手法だ。これが広がれば必要な車は減る。道路の交通量が半分になれば、渋滞や事故も減り、環境まで改善できるという。

今の車の空間で想像すると、他人と席をシェアするのは抵抗があるが、空間を広げた箱型の車が出てきたり、車両にもビジネスクラスのような仕切りができたりすれば、それも可能かと思えてくる。

こうした構想への布石は、アメリカ・シリコンバレーにもあった。2年前に設立された開発拠点だ。関係者以外立ち入り禁止・撮影ＮＧの扉の先にあったのが、試験中の自動運転車だった。２０１８年5月にカリフォルニア州の許可を取得し、すでに公道の走行も開始。滴滴は、ロボットカーが街を走る未来までをも見据えていた。スマホをタップして家の前まで無人の車が迎えに来るサービスが生まれれば、個人が車を所有する必要はなくなるのかもしれない。

滴滴には、日本の自動車メーカーも関心を示している。2018年10月、日本を代表するトヨタ自動車とソフトバンクの2社が、後述するMaaSの展開を見据え、移動サービスの確立に向けて共同で新会社を設立するという衝撃の提携を発表した。実はソフトバンクは滴滴に6000億円近くを出資する大株主。トヨタはソフトバンクを通じて、ライドシェアサービスのノウハウを取り込もうとしているのだ。

想像をはるかに超える中国

最後に、滴滴の創業者で経営トップの程維《ていい》CEO(35)に会った。程CEOには尊敬してやまない経営者がいる。米アップルの創業者スティーブ・ジョブズ氏だ。滴滴のシンボルカラーが「オレンジ」なのは「アップル」を意識してのこと。程CEOも、人々がワクワクするような大きな変革を起こしたいと、熱く語った。

「自動車は100年前にドイツ人が発明し、その後、アメリカ人が普及させた。しかし今日では自動車と交通産業はシェア、電気自動車、スマート化の方向へと変革を遂げようとしている。この時代にイノベーションを起こし続け、人々の移動と生活に変革をもたらすのが滴滴の使命と未来図だ」

私たちが中国で見たものは、想像をはるかに超える中国のテクノロジーの成長だった。新しいサービスを積極的に生活に取り入れる国民。優秀な人材の獲得や技術開発に貪欲な若き経営者たち。彼らの成長を強力に後押しする国家。これらが重なり合った猛烈な勢いが、アメリカの焦りをかき立てているのかもしれない。

5　日本に上陸した〝中国の巨人〟

自動車産業への危機感

勢いを増す滴滴は、２０１８年9月、すでに日本にも上陸している。

彼らがまず狙いを定めたのは、日本第二の都市・大阪だ。いま大阪では、滴滴のＡＩが搭載された10社・計１０００台以上のタクシーが、繁華街を駆け抜けている。日本の膨大な交通データまでも、滴滴が掌握することになったのだ。

さかのぼれば私たちが滴滴の存在を知ったのは、日本経済を支えてきた屋台骨・自動車業界を取り巻く変化の取材がきっかけだった。

２０１８年以降、ＭａａＳというキーワードに注目が集まり始めた。ＭａａＳとは、「Mobility as a Service」の頭文字を取った言葉で、車を所有せず、使いたい時だけお金を払って利用するサービスを意味する。日本ではレンタカーや最近普及してきたカーシェアリング、世界的には一般のドライバーが自分の車に客を乗せるライドシェアがその一例だ。これからの時代、車は〝サービス〟として考えましょう、つまり、自家用車として「持つ」ことよりも、必要なときに「使う」ことに焦点を置くという世界的な潮流だ。

この世界的な潮流の影響を受けると考えられるのが日本の自動車メーカーだ。自動車メーカーは個人に車を売ることで収益を得ている。そしてその収益で世界に工場を建て、数多くの従業員を雇用してきた。しかし、車を「持つ」より「使う」ことに焦点が置かれ、個人が車を買わなくなっていけば、従来のビジネスモデルが通用しなくなってしまうおそれがあるのだ。

日本人にとって、自動車メーカーのビジネスモデルが立ちゆかなくなることは、決して業界話や、他人事だと割り切ってはいられない。日本にとって自動車産業は、関連産業も含めると約540万人もの雇用を生み出し、商品輸出額の約2割を占める基幹産業だ。自動車産業を取り巻く変化は、近い将来、私たちの暮らしをもゆるがしかねないのではないか。そんな強い危機感から取材を進めてきた。

ＭａａＳの動きをリサーチしていく中、私たちが強く関心を抱いたのが、創業わずか7年で1日3000万件の利用を誇るという滴滴だった。ベールに包まれたその内部や戦略に迫りたいと取材の足がかりを探り始めていた矢先、衝撃的なニュースが舞い込んだ。2018年7月。滴滴がソフトバンクと手を組んで日本国内に合弁会社「ＤｉＤｉモビリティジャパン」を設立し、日本にも進出するというのだ。

とはいえ前述の通り、日本では現在「ライドシェア」は法律で禁じられている。そこで滴滴は、日本のタクシー会社と提携し、自社のＡＩシステムを普及させて配車効率を上げることにビジネスチャンスを見いだしていた。日本はすでに進出したブラジルやメキシコなどに比べて面積的には小国ながら、タクシーの市場規模は1・5兆円超と世界2位。まずはタクシー市場に参入するだけでも、十分メリットがあると判断したという。

予想を超えるスピードで日本上陸

7月19日に都内で開かれた記者会見。鮮やかな赤いワンピース姿で颯爽と登壇したのは、滴滴の柳青《りゅうせい》COO（40）だった。程維CEO・張博CTOとともに会社の成長を支えてきた彼女もまた〝海亀〟だ。北京大学でコンピュータサイエンスを専攻後、ハーバード大学に留学して修士号を取得。その後入社したゴールドマン・サックス社では、史上最年少でアジア太平洋地域の執行役員に昇格する異例のスピード出世を果たし、滴滴にヘッドハントされた凄腕だという。

柳青COOがスピーチで強調していたのは、滴滴とタクシー業界は〝win-win〟の関係が作れるという面だった。滴滴がもともとタクシーの配車効率を向上させ、タクシー運転手がより多く収入を得られることを目的に事業を立ち上げたことや、すでに中国で500のタクシー会社と提携していることをPR。現状、日本のタクシーの営業時間の6割が空車状態であることを課題に挙げ、「私たちのAI技術で日本のタクシー会社の成長や発展のお手伝いができる」と自信を見せた。

2018年秋と宣言された滴滴の〝日本上陸〟だったが、9月末、私たちの予想を超えるスピードで、まずは大阪でのサービス開始が決まった。12のタクシー会社の協力をとりつけ、1000台のタクシーを確保したという。

その前日。滴滴のシステムを載せたタクシーがすでに試験的に街中を走るなか、私たちも実際にアプリでタクシーを呼んで試乗した。AIが配車してくれるスムーズさはいわずもがな、驚かされたのは、さらに配車の速度や効率を上げるための細やかな工夫だ。客から注文が入ると、タクシー側のシステムに「注文が入りました」というアナウンスと画面案内が表示され、7秒のカウントダウンが始まる。注文を受けるかどうかドライバーが判断する〝7秒ルール〟を課していたのだ。

このルールがあることで、最も近いタクシーがNGならば2番目に近いタクシーへ、さらにNGなら3番目に近いタクシーへ……と、できるだけ早くマッチングが成立する仕掛けが施されていた。ちなみに本家・中国では〝5秒ルール〟なのだが、スマホやタブレットに不慣れな日本のタクシードライバーに配慮し、2秒プラスしたとのことだった。

滴滴のシステムを導入したタクシー会社の最大手・第一交通産業では、DiDiモビリティジャパンの社員がシステムを使いこなすための講習会も開催されていた。50歳過ぎの大阪の〝おっちゃん〟たちが必死でタブレットを囲む様子は、これまで見たことがない光景だった。

ドライバーの一人・甲原淑生さんも、慣れない手つきでタブレット操作に奮闘。これまでは流しで客を探していたため、日によってムラがあることや、乗車率が下がる時間帯があることが悩みだったという甲原さん。滴滴のＡＩを使って「どんどん稼いで『売り上げアップ！』ですわ」と期待を抱いていた。

「凄いですね、中国のＡＩは」

大阪でサービスが始まって３カ月が過ぎた２０１８年12月。日本での広がりはいかほどか、朝６時半からドライバー・甲原さんのタクシーに同乗させてもらった。営業所から新大阪駅方面へタクシーを走らせると、早速「注文が入りました」のアナウンスが入る。慣れた手つきで〝７秒以内〟に注文を受けると、甲原さんは「便利ですよ。もう１００％（自分で）客を探すことはないですからね」と余裕の笑み。すっかり滴滴のＡＩを頼りにしている様子だ。

この朝の時間帯は、営業先や出張先に向かうビジネスマンの利用が多いそうだ。会社の同僚に勧められて滴滴を使い始めたという40代の男性は「なかなかタクシーがつかまらない場所や公共交通機関の本数が少ない場所にいても、呼べばすぐに来てくれる。いまや手放せないですね」という。滴滴は大阪での利用者数については公開していないが、同僚からの紹介、夫からの紹介、など、口コミを中心に広がっている様子がうかがえた。

さらに深夜。ほかのタクシーにも乗り込み、ドライバーに話をきいてみた。細かい不満や改善の要望は抱えながらも、それぞれ、滴滴のシステムを活用して配車効率を上げているようだった。

「やっぱり凄いですね、中国のＡＩは。こういう時代になっていくんでしょうね……」

ネオンが光る大阪の繁華街を走りながら、ドライバーがぽつりとつぶやいた一言が心に重く響いた。

２０１９年４月、滴滴は大阪に加えて東京・京都でもサービスを開始し、今年度中に日本全国13都市にサービスを拡大する方針を明らかにした。〝中国の巨人〟の日本での動向に、これからも注目していきたい。

第2章　反撃のアメリカ

――激化する技術と情報をめぐる攻防戦

1　アメリカの危機感

警鐘を鳴らした元民間企業CEO

「アメリカは、技術的な優位性を失い中国との戦いに敗れるかもしれない」

アメリカのトランプ政権は、2018年、中国が目指すハイテク覇権に警鐘を鳴らす報告書を相次いで公表した。主要なものだけでも『中国の技術移転戦略』(国防総省が1月発表)『技術移転・知的財産・技術革新に関する中国の行動・政策・慣行』(通商代表部が3月発表。11月改訂版を発表)『アメリカと世界の技術と知的財産権を脅かす中国の経済侵略』(ホワイトハウスが6月発表)『アメリカの防衛産業の基盤とサプライチェーンの評価』(国防総省が10月発表)がある。

いずれの報告書も中国がアメリカから最先端技術を不当に手に入れ、アメリカの経済だけでなく安全保障をも脅かしていると強い警戒感を示し、その対策を訴えたものだ。

なかでも真っ先に警告を発したとして知られる報告書が、『中国の技術移転戦略』だ。とりまとめたのは、国防総省の幹部マイケル・ブラウン氏。民間の大手情報セキュリティー会社「シマンテック」のCEOから国防総省に引き抜かれた異色の経歴を持つ人物で、シリコンバレーにあるハイテク企業と連携するために2015年に新設された「DIU（国防イノベーションユニット）」と呼ばれる部署を率いている。DIUの任務は、民間企業が開発するAI、ロボット、自動運転、AR（拡張現実）などの最先端技術の軍事利用を検討すること。ブラウン氏は、シリコンバレーにあるDIUの事務所で、私たちの取材に対して中国批判を展開した。

「中国は官民一体となり合法・非合法問わずあらゆる手を使って、アメリカから最先端技術を不当かつ大規模に入手している。アメリカはこれまで高度な軍事技術のおかげで世界最強の軍隊を維持してきたが、その優位性が揺らぎ始めている」

アメリカは第二次世界大戦後、圧倒的な技術力で、軍事的な優位を確立してきた。しかし中国は、近年の急速な経済成長に伴い、莫大な資金を投入して軍事技術の獲得に邁進してきた。核兵器、弾道ミサイル、GPS（衛星測位システム）、ステルス戦闘機、無人機。それらのアメリカが先に開発した軍事技術を次から次へと着実に自分のものにし、アメリカを追い上げてきている。それだけではない。今や、極超音速ミサイルの開発などでは中国がアメリカよりも先行しているという見方が少なくない。ブラウン氏は危機感を強めている。

「中国は不当に入手したアメリカの技術を使って、中国軍の兵器や装備を開発してきた可能性が高い。アメリカの最先端技術が中国の軍事的な台頭を後押ししてきたとなれば、非常に皮肉な状況だ。我々は軍事的な優位を保つため、アメリカのこれ以上の技術流出を何としても食い止めなければならない」

技術移転を狙う中国の10の手口

ブラウン氏は、報告書『中国の技術移転戦略』の中で、中国が実践してきた合法・非合法の10の手口を次のように挙げている。

①「サイバー攻撃」（非合法）
②「産業スパイ」（非合法）

③「強制的な合弁企業の設立」（合法）
④「アメリカ企業の買収」（合法）
⑤「アメリカのスタートアップ企業への投資」（合法）
⑥「アメリカの大学・研究機関で学ぶ中国人留学生」（合法）
⑦「アメリカの法律事務所や投資銀行などの専門知識の活用」（合法）
⑧「オープンソース情報の活用」（合法）
⑨「アメリカで働く研究者・専門家を中国に招待・リクルート」（合法）
⑩「アメリカに中国企業の研究センターを設立」（合法）

①と②は、アメリカの企業秘密を盗む目的で行われる「サイバー攻撃」や「産業スパイ」といったまぎれもない違法行為で、近年ＦＢＩが摘発を強化している。ブラウン氏がむしろ問題視するのは③から⑩の合法的な手口だ。

③は、中国政府が外国企業に対して中国の巨大市場に進出する条件として、中国企業との合弁企業の設立を要求するもの。これについてアメリカ政府は、合弁企業を通して強制的な技術移転が行われていると反発を強めている。

④と⑤は、中国企業によるアメリカ企業への投資や買収を通して、技術が中国に流れるケースを指している。同報告書によると、中国の対米投資の全体のおよそ20%~40%がハイテク企業への投資で、特に2014年以降はAIへの投資が加速化しているという。

⑥は、留学生を通してアメリカの技術が中国に渡る場合。報告書は、アメリカに留学する外国人学生の大半を中国人が占め、特にSTEM（科学・技術・工学・数学）と呼ばれる理数系に多いとし、大学院レベルでは4人に1人が中国人と推測している。

⑦は、中国企業がアメリカの法律事務所や投資銀行との連携を強化してアメリカ国内の投資規制や法律に関する専門知識や助言を得ること。これにより、技術移転を容易にしていると指摘している。

⑧は、中国が、欧米などで一版に公開されている軍事・科学技術情報を組織的に収集していると説明。海外の大量のオープンソース情報をデーターベース化した施設も中国国内には整っていて、自国で一から技術開発する必要性を減らしコストやリスクを低減させていると分析している。

⑨は、中国政府が外国人・中国人問わず海外から優秀な人材を中国に集める政策のことだ。これらは「春暉《しゅんき》計画」や「千人計画」と呼ばれる、高い報酬や地位と引き換えに高度

な技術を持つ人材をリクルートする計画。シリコンバレーで動く中国系アメリカ人や中国人の研究者・技術者組織「シリコンバレー中国系技術者協会」や「華源科学技術協会」などが中国政府の人材獲得の対象になっているという。

⑩では、中国の企業がアメリカの人材や技術の獲得のためアメリカ国内に研究施設を設立するケースが増えていると指摘。その具体例として中国のバイドゥ（百度）がシリコンバレーにＡＩの技術「ディープ・ラーニング」の研究所を設置したことや、北京の科学技術発展地区として知られる「中関村」の国有企業がシリコンバレーに「イノベーションセンター」を設けたことなどを紹介している。

ブラウン氏はこうした10の手口について「中国がサイバー攻撃などの非合法な手段でアメリカの技術を盗んできたことは広く知られていたが、実は、合法な手段でも技術移転が組織的かつ大規模に行われてきた。アメリカの開かれた社会、自由な資本主義社会のシステムを中国は巧みに利用し、アメリカの最先端技術を自分たちのものにしてきたのです」と述べる。そして「今こそ、10の手口を封じ込める対策を検討しなければならない。遅れれば、それだけ中国を利することになる」と強調した。

技術移転戦略の柱「中国製造2025」

アメリカ政府は、中国がアメリカの技術移転を進める背景には、中国共産党の国家戦略があると主張している。その柱こそが「中国製造2025」だ。

ブラウン氏は、「中国製造2025」を中国が「世界の工場」から脱却し「真の経済大国」を目指す戦略だと見ている。

「中国の意図は明確だ。価格の安い靴やおもちゃを製造する〝世界の工場〟では終わらない。AIや量子コンピューターで世界のリーダーになる明確な戦略を打ち出している。中国は、現在、多くの電化製品を輸出しているが、彼らの工場は部品を輸入し組み立てる工場が中心だ。例えば、半導体もその部品の多くは日本やアメリカからの輸入に頼っていて、中国製の部品は10％にも満たないが、『中国製造2025』は自国の製造率を70％に引き上げる目標を掲げている。日本やアメリカに依存しない経済を作り上げようとしているのだ」

経済発展を先に遂げた日米欧に追いつき追い越し、「偉大な中華民族の復興」を実現させるという習近平国家主席の「中国の夢」。中国建国100周年に当たる2049年までに中国が世界の覇権を握る「中国の夢」を達成させる、その手段として「中国製造202

る」があるのではないか。トランプ政権の中にはそうした警戒感が広がっている。

トランプ大統領自身も、2018年11月の記者会見で「『中国製造2025はとても無礼だ』と中国側に伝えた。なぜなら、2025年に経済面での世界支配を目的としているからだ。『そんなことは決して起きない』とも告げた」と明かし、「中国製造2025」に対する不快感をあらわにしている。

規制強化に動き出すアメリカ

中国による技術移転を封じ込めるため、ブラウン氏が提言したのは次の3点だ。

・中国によるアメリカへの投資を監視する機関「対米外国投資委員会(CFIUS)」の権限や機能の強化
・アメリカの技術が不当に中国に流出しないよう輸出管理を強化
・中国の留学生に発行するビザの見直し

この提言は、その後政府や議会を動かし、中国への技術移転規制の流れを作り出している。

トランプ大統領は、ブラウン氏による報告書の発表から半年後の2018年8月に、CFIUSによる企業審査を厳格化する新しい法律に署名。アメリカ財務省は、同年10月、半導体や航空、それにコンピューターや防衛などハイテク関連の27の分野を対象に、海外企業が投資を行う場合のCFIUSへの事前申告を義務づけた。中国企業による投資が問題ないか監視を強化する狙いだ。

問題があれば、アメリカ政府は中国による買収や投資を禁じる命令を出すことができる。現にCFIUSは、中国の電子商取引最大手のアリババによるアメリカ送金大手の買収を認めなかった。

さらに、アメリカ政府は中国の留学生に発行するビザの厳格化にも動き出している。国務省は2018年6月、航空やロボットなどの最先端技術を専攻する中国人の大学院生に発行するビザの有効期間を、5年から1年へと大幅に短縮した。

大学の研究秘密や知的財産を盗む、いわゆる「学術スパイ」を封じ込める狙いがあると見られている。

一方、アメリカの大学や研究機関にも中国離れが見え始めている。前出の『中国の技術移転戦略』が「中国の通信機器大手ファーウェイと共同研究施設の設置に乗り出した」と指摘したカリフォルニア大学バークレー校やマサチューセッツ工科大学は、その後、相次いで方針を転換し、ファーウェイとの協力関係を打ち切る意向を表明した。

こうした動きに、ブラウン氏は自信をのぞかせる。

「私の報告書はアメリカの政府・議会に目を覚ましてもらう〝ウェイクアップコール〟になったと思っている。中国が単なる経済的なライバルではないという認識が、近年アメリカの政府や議会にようやく広がってきた」

2　拡大するＡＩの軍事利用

目指すのは〝アメリカ版「軍民融合」〟

「自国の経済の防衛こそが国家の安全保障だ」

経済ナショナリストを標榜するトランプ大統領は、こう言って自国の軍需産業の復活を掲げている。冷戦終了後、国防費の予算削減に伴い縮小傾向にあったアメリカの軍需産業を活性化させ、アメリカの経済と国防の再生につなげたい狙いだ。ロッキード・マーティン、ボーイング、レイセオン、ノースロップ・グラマン、ジェネラル・ダイナミクスなど日本円で1兆円以上を優に稼ぐ従来の大企業とその裾野の産業に加えて、トランプ政権が後押ししているのが、将来見込みのあるハイテクのスタートアップ企業だ。

実はこうしたスタートアップ企業を支援することこそ、ブラウン氏率いるDIUの最大の任務だ。DIUは、ハイテク関連のスタートアップ企業が集中するカリフォルニア州のシリコンバレーとテキサス州のオースティン、通称シリコンヒルズにそれぞれ事務所を設置し、民間企業との連携に全力を注いでいる。DIUがハイテクの軍事化を目指すのは、主に五つの分野だ。

①AI＝人工知能
②自動運転などの自律化技術
③生物兵器などの脅威に対処するためのバイオテクノロジー
④5GなどのIT＝情報技術
⑤宇宙関連技術

「国防総省から見ると、この二つの分野は政府よりも民間での技術進展が著しく、民間企業との連携が欠かせない分野なのです。一方、民間企業から見れば、国防総省は巨大な顧客です。ＤＩＵはその橋渡し役となって中国の軍民融合に対抗しなければならない」（ブラウン氏）

中国では、習近平政権が「軍民融合」戦略を推し進めている。軍事力と経済力の両方の発展を目的に、国と企業が一体となって最先端技術を軍事利用する戦略だ。ＤＩＵが進めているのはまさに〝アメリカ版「軍民融合」〟なのだ。

アメリカでは「軍産複合体」ともいわれ、軍部と軍需産業が巨大な影響力を持つ体制がかつて指摘された。しかしアメリカの軍需産業は、冷戦終了後は縮小傾向にあり、特に兵器や装備の部品を提供する下請け企業は大きな影響を受けてきた。そのなかでＤＩＵの任務は、軍事にも転用可能なまったく新しい技術を開発するスタートアップ企業を見いだし、国の味方につけることだ。新しい形の「軍産複合体」を目指しているともいえる。

グーグルの離反――難しい連携

アメリカ政府や議会に比べると、中国のハイテク覇権に対する民間企業の警戒度はおしなべて低い。それどころか、政府の規制が強化されて中国からの投資が受けられなくなることを懸念するアメリカ企業も少なくない。

とりわけDIUに衝撃が走ったのが、国防総省がアメリカの大手IT企業グーグルと進めてきた「メイブン計画」から、その当のグーグルが2018年に撤退を決断したことだった。

「メイブン計画」は、アメリカのドローン（無人機）が上空から撮影した膨大な量の動画をAIに学習させ、標的かどうかをより正確に分析させるものだ。しかしこの「メイブン計画」の存在が明るみに出ると、グーグルの従業員3000人以上が会社に抗議の嘆願書を送りつけたほか、抗議デモまで行われた。その結果2018年6月に、スンダー・ピチャイCEOが「グーグルはAIを兵器のために開発することはしない」という声明を発表し、メイブン計画から撤退したのだ。

リベラル色が濃いと言われるハイテク企業のなかには、AIなどの最先端技術が軍事利用されることに懸念を表明する経営者や技術者が少なくない。グーグルの撤退は、アメリカで官民が一体となる難しさを浮き彫りにしている。

「グーグルの決断を受けて、私は自分たちの仕事がまだ十分ではないと痛感しました。アメリカでは、従業員が抗議する自由が確かにありますが、その結果、アメリカ政府に協力しないと何が起きるのか。その深刻さをアメリカ企業には理解して欲しいのです」（ブラウン氏）

グーグルは、中国の北京にＡＩセンターを開設している。メイブン計画から撤退する一方で、中国でのＡＩ開発事業は拡大しているのではないか。アメリカ国防総省ではブラウン氏だけでなく、グーグルに対する不満が省内全体に広がっている。そして、その不満が表面化したのが、２０１９年３月、シャナハン国防長官代行とダンフォード統合参謀本部議長が出席した議会の公聴会だった。

「グーグルはアメリカ国防総省と一部の協力を取りやめる一方で、中国を支援している。中国では軍民融合政策に基づいて、民間で開発している技術はそのまま軍事に転用されるのだ。中国の技術発展のさらなる促進を手助けしている」（シャナハン国防長官代行）

「グーグルが中国で行っていることは、間接的に中国軍に利益をもたらしている。いや率直に言えば、間接的にという表現は実態を十分に表していないかもしれない。むしろ、中国軍にとって直接的な利益になっていると言ったほうがよいかもしれない」（ダンフォード統合参謀本部議長）

この2日後には、トランプ大統領までツイッターで「グーグルはアメリカではなく、中国とその軍隊を支援している。ひどい！」とグーグルをやり玉に挙げたのだ。保守派からは「どこの国の企業だ」と批判が高まったため、グーグルは即座に「我々は中国軍と協力していない。アメリカ国防総省をはじめとするアメリカ政府とは、サイバーセキュリティーなどで協力している」と声明を発表して釈明した。さらに、ピチャイCEOが急きょワシントンを訪問し、国防総省や議会そして、ホワイトハウスにも足を運びトランプ大統領と直接会談して理解を求めたのだ。米中のハイテク覇権をめぐる対立は、アメリカのIT企業に愛国心を求める事態にまで発展している。

ただ中国の巨大な市場と優秀な人材は、アメリカのIT企業にとってかなり魅力的なのも事実だ。グーグルに批判が集中したが、実は、他の大手IT企業のマイクロソフトもアマゾンも、2018年に上海にAI研究センターの開設をそれぞれ発表している。国防総省内で強まる懸念とは裏腹に、アメリカのIT企業の中国への進出が目立っているといえる。民間企業との連携を期待されて民間企業から引き抜かれたブラウン氏だが、その対策に頭を悩ませている。

「アメリカ政府や議会では中国に対する警戒心が強まっているが、アメリカの民間企業の間ではまだ弱いのが実態だ。中国とハイテク覇権争いが起きているという危機感が薄い。我々はそれを伝えることから始めなければならない。貴重な技術を守るには企業自身が警戒を強めて対策を取ることが必要なのに……」

AIが戦場を制する日

一方で、DIUに積極的に協力するアメリカの企業も確かに存在する。

私たちはその一つ、テキサス州オースティンの通称「シリコンヒルズ」にあるAI開発企業「スパーク・コグニション」を訪ねた。同社は、ボーイング社と連携して「空飛ぶ無人タクシー」「無人旅客機」の構想を進めている企業として、メディアの注目を集めている。

「空飛ぶ無人タクシー」は、2019年1月、南部バージニア州で試験飛行が行われ、最初の一歩を踏み出した。同社が手がけるのは、AIとブロックチェーンの技術を使い、大量の無人旅客機を同時に安全に飛行させる空の管制機能の確立だ。

スパーク・コグニションは、パキスタン系アメリカ人のアミール・フセイン氏が立ち上げた企業だ。ジョン・アレン退役海兵隊大将が取締役会の代表を務めているほか、国防総省の高官などを務めたウェンディー・アンダーソン氏が軍事・安全保障の責任者となっている。

フセイン氏とアレン退役大将は、共著『ハイパーウォー』で「ＡＩの登場が戦争のあり方を根本的に変える。人類が意思決定に関わらないハイパーウォーの時代が到来する」と予測している。ただし、アメリカ国防総省は、映画『ターミネーター』で登場した殺人ロボットのような完全自律型のＡＩ兵器は認めていない。完全自律型とは、人間の意思が介在することなくＡＩが自ら標的を決め攻撃を実行する兵器だ。

アメリカ国防総省は、２０１２年、致死力を備えたＡＩ兵器については人間が意思決定に関与することを義務づける指令を公布し、ＡＩ兵器の開発に一定の制限を設けた。それが今も踏襲されている。またＡＩの開発そのものも、完全自律型の殺人ロボットを造れる人工汎用知能（ＡＧＩ）の開発にはまだほど遠い状況だ。

しかし、ＡＩの軍事利用は拡大している。スパーク・コグニションはアメリカ国防総省と契約を結び、空軍の部隊や海軍の潜水艦の部隊が大量のデータをＡＩで分析することを支援している。

「部隊の司令官に最善の選択肢を提示するのが我々のＡＩです。ＡＩを軍事利用すれば、今まで人間が行っていた情報分析や標的の決定などの精度とスピードが一気に上がるのです。ＡＩは業務の無駄を省き、正確性を追求するのに必要不可欠なものだ」（フセイン氏）

アメリカは、かつて大量破壊兵器に関する誤った情報でイラク戦争に突入してしまった苦い経験を持つ。

さらに、アメリカの無人機による攻撃で市民が巻き添えになるケースがパキスタンで相次ぎ、大きな問題となった。ＡＩを導入すれば、膨大な画像情報やデータを瞬時に大量に整理・分析できるため、誤爆などの人間によるミスが防げるとフセイン氏は持論を展開する。

「ＡＩこそが戦争で一般の人々が犠牲になるのを防ぎ、被害を最小限に抑えることができると考えている。私は、アメリカ軍はもっとＡＩを利用すべきだと思っている。中国によるＡＩ開発のスピードは速い。中国は戦略を持ってＡＩ開発を進め、資金・人材を投入している。大量のデータを集められるという利点も中国にはある。このままだとアメリカは追いつかれる」

トランプ大統領は2019年2月、各政府機関にＡＩの開発強化を命じる大統領令に署名した。国防総省もその翌日、ＡＩの軍事利用を目指す中国やロシアに対抗するため省内に前年に設置した「ＡＩセンター」の権限強化などを盛り込んだ初の「ＡＩ戦略」を発表した。ＡＩを制するものが未来の戦場をも制する。ＡＩなどのハイテクをめぐる米中の争いは、経済だけでなく軍事の世界でも激しさを増している。

3　産業スパイを摘発せよ

おびき出された中国の情報機関の男

２０１８年10月。一人の男の身柄がベルギーの首都ブリュッセルからアメリカへと移送された。男の名は徐炎鈞《じょえんきん》被告。中国の情報機関である中国国家安全省の諜報員だ。

「アメリカ政府が中国の諜報員の身柄を確保するのは初めてのことだ。中国が国家ぐるみでアメリカの企業秘密を盗み出す産業スパイを仕掛けている証だ」

そう強調するのは、この事件を担当するアメリカ司法省のベンジャミン・グラスマン検事。

起訴状によると、中国国家安全省の傘下の江蘇省国家安全庁の幹部である徐被告は、名前を偽り科学技術振興協会の担当者を騙ってアメリカ企業の技術者に接近し、航空宇宙関連の技術の獲得を企てていたという。2017年にはアメリカ有数の航空宇宙関連メーカーであるGEアビエーションの技術者に接触し、中国で航空エンジンに関する講演を行って欲しいと依頼した。

徐被告は、この技術者を中国の南京航空航天大学に招いて現地で手厚く歓待したほか、講演料や宿泊費の名目で3500ドル（38万円）を手渡した。そして、技術者が帰国したあともメールや電話で頻繁にやり取りを続け、しだいに企業秘密に当たるエンジンの詳細な技術情報を提供するよう技術者に要求していったという。

「持ち運び可能なハードディスクかUSBメモリーに情報をダウンロードして、出張先のベルギーで渡して欲しい」

かくして2018年4月、計画通りにベルギーに出向いた徐被告は、FBIの依頼を受けた地元当局に逮捕された。

グラスマン検事は、逮捕できた最大の理由は企業の協力だと指摘する。

「逮捕はGEアビエーションの協力があってのものだった。我々はGE側と連携することで、中国国家安全省の諜報員を中国国外におびき出すことに成功した。GE側の速やかな通報のおかげで、企業秘密が中国に渡るのを防げたのです」

グラスマン検事によると、この事件が明るみに出たきっかけは、２０１７年にＧＥアビエーションがＦＢＩに行った通報だったという。自社の技術者の中国訪問を不審に思ったＧＥ側が相談。ＦＢＩはＧＥ側と連携して被告と技術者のやり取りをすべて監視し、この間、徐被告には企業秘密のように装った偽情報を送って信用させ、さらなる情報の提供を期待させることで、ベルギーにおびき寄せることに成功したのだ。

この事件は、一種の「Sting Operation（おとり捜査）」だったとグラスマン検事は語る。

「ＧＥの協力は称賛されるべきです。産業スパイ事件の摘発には、企業との連携が欠かせない。特にハイテク分野ではどこからが企業秘密なのか、その区別を知るためにも企業の協力が必要で、連携の重要性は増している」

シカゴで活動していた中国人スパイ

徐被告は、アメリカに中国の国家安全省のスパイ網を築こうとしていたのではないか。捜査を進めるとそんな疑いが強まっていったという。捜査のカギを握ったのが、アップル社が提供するウェブ上のデータ保存サービス「ｉＣｌｏｕｄ」だった。

ＦＢＩが、徐被告のｉＣｌｏｕｄに残されたデータを分析した結果、浮かび上がったのが、シカゴ在住の中国人の男の存在だった。徐被告がＳＭＳ＝ショートメッセージを交わしていたその男は、27歳の季超群《きちょうぐん》。２０１３年に留学生として渡米し、イリノイ工科大学で修士号を取得していた。

調べを進めると、徐被告をはじめ、中国国家安全省の複数の諜報員と知り合いだった季が、大学を卒業するまでの2年間、たびたび中国に帰国しては徐被告と会っていたことが判明する。この間に徐被告と交わしたショートメッセージの数は36。そこには徐被告が季を利用して、アメリカにスパイ網を構築しようとした形跡も残されていた。徐被告は、アメリカ国内のハイテク企業で働く中国人や中国系アメリカ人の、経歴や連絡先を調査するよう求めていたのだ。

これを受けて季は、実際にアメリカの調査会社から8人の個人情報を買い、徐被告に報告していた。ＦＢＩは季が中国国家安全省からの指示のもとでスパイ活動をしていたと断定。逮捕、起訴に踏み切る。徐被告をベルギーで逮捕してから5カ月後のことだ。

徐被告と季被告はアメリカの企業や研究機関で最先端技術の秘密情報を扱う中国系の技術者をスパイとしてリクルートするため、候補者を調査していたと見られている。グラスマン検事は、中国国家安全省が季被告のような民間人を利用した産業スパイ活動を活発化させていると懸念を強めている。彼はこの流れを作り出したのが、中国で２０１７年に施行された「中国国家情報法」の存在だと見る。

この新たな法律には、中国の個人と団体に国家の情報活動への協力を義務づける内容が明記されている。さらに中国では習近平体制下で「反スパイ法」や「国家安全法」も施行され、中国国家安全省の権限が強まっている。その組織に属する徐被告の要求を、民間人である季被告は断れなかったのではないか。

アメリカには第２、第３の季被告がいてもおかしくない――。グラスマン検事はそう考えている。

チャイナ・イニシアチブ

２０１８年11月、アメリカ司法省は中国の産業スパイの取り締まりを強化するため、ＦＢＩと合同の対策チームを創設すると発表した。そのチームは「チャイナ・イニシアチブ」と呼ばれている。

担当のアメリカ司法省のアダム・ヒッキー次官補代理は、私たちの取材に対して「チャイナ・イニシアチブを立ち上げた理由は、一つは中国による産業スパイ事件が増加していること。産業スパイ事件全体の90％は中国が関わっている事件だ。そしてもう一つは、中国の産業スパイをトランプ政権が極めて問題視していることだ」と説明した。

ＦＢＩのレイ長官によれば、ＦＢＩは全米50州すべての州で中国による産業スパイ事件を捜査しており、事件数は近年、２倍にふくれあがっているという。ＮＨＫの調べでは、トランプ政権発足後の２年間で中国に関連する事件で摘発された中国人やアメリカ人は、少なくとも37人に上っている。

「チャイナ・イニシアチブ」も、産業スパイの増加の背景に「中国製造２０２５」があると見ている。ヒッキー次官補代理は「中国による産業スパイ事件と『中国製造２０２５』の間に相関性が見られる」と指摘する。

相関性とは、中国が狙っているアメリカの企業秘密が、「中国製造２０２５」で中国が打ち出した10の重要分野の産業と重なっていることだ。ＦＢＩが逮捕することに成功した中国国家安全省の徐被告の任務は、「中国製造２０２５」が重要産業分野の一つとする航空宇宙産業の情報収集だった。また、中国のハッカー集団によるサイバー攻撃も、その被害の大半が「中国製造２０２５」で重要産業分野と位置づけられている産業に集中しているという。

中国の個人と団体に国家の情報活動への協力を義務づける「中国国家情報法」と「中国製造2025」の存在は、中国政府と民間が一体になって企業秘密を盗み出す構図を浮かび上がらせる。では、中国の産業スパイ事件のどの程度が、中国政府が関わった国家ぐるみの犯行なのか。ヒッキー次官補代理はその回答は難しいとしながらも、中国政府の対応が官民一体となって企業秘密を盗み出す土壌を作り出していると憤った。

「アメリカが企業秘密を盗んでいたとして摘発した中国の企業や個人に対して、中国政府は何もしないのです。逮捕もしなければ捜査にも協力しない。これは企業秘密を盗んだ中国の企業や個人を褒めたたえているのと同様で、アメリカの企業秘密を盗むよう国民に促す環境を中国政府が自ら作り出している」

トランプ政権発足後の2017年、アメリカの司法省と国土安全保障省は中国の公安省との間で「米中の法執行とサイバーセキュリティーに関する第1回対話」を開催した。その半年前にトランプ大統領と習近平国家主席が合意した、四つの分野で閣僚級が対話を行うとした対話の枠組みの一つだ。

この時、アメリカ側は中国側に対して中国の広東省にある情報セキュリティー企業「広州博御信息技術」の口国人社員3人がサイバー攻撃を仕掛けて企業秘密を盗み出していると説明し捜査への協力を求めた。しかし、その後、何の連絡もなかったという。これ以降、米中の司法当局の対話は途絶えている。

「少なくとも自分以上の高官レベルでの対話は行われていない。対話を続ける必要性がない。2015年の時、中国が行った約束の一つが、サイバー攻撃の捜査に米中両国が互いに協力するというものだった。しかし、明らかな約束違反だ」

ヒッキー次官補代理が指摘した「約束」とは、2015年9月に当時のオバマ大統領と習近平国家主席が会談して結んだものだ。国賓としてアメリカを訪問した習主席はホワイトハウスで、サイバー攻撃で企業の情報を盗む行為はしないことや、サイバー犯罪の捜査に互いに協力することを盛り込んだ米中の合意文書を発表した。

しかし、それから3年。中国によるアメリカ企業を狙ったサイバー攻撃は再び増加している。

「中国は約束を守っていない」

ヒッキー次官補代理だけでなくトランプ政権の高官達が口々にそう述べている。中国への不満が渦巻いているのだ。

中国人大学教授の謎の死

市民に国家の情報活動への協力を義務づける「中国国家情報法」を受けて、アメリカの監視の目はアメリカで暮らす一般の中国人や中国系アメリカ人にも向かいかねない。

中国の産業スパイの摘発が強化される中、2018年12月1日、アメリカの名門スタンフォード大学の著名な中国人教授が、自ら命を絶った。張首晟《ちょうしゅうせい》教授、55歳。中国の上海出身で、ノーベル物理学賞の候補とも目されていた。

張教授が自殺した同じ日、トランプ大統領がG20サミットの開催地、アルゼンチンで習近平国家主席とおよそ1年ぶりに会談し、米中貿易戦争の〝一時休戦〟で合意した。奇しくもこの日、カナダでは中国の通信機器大手「ファーウェイ」の孟晩舟《もうばんしゅう》副会長が逮捕されている。米中関係を揺るがす二つの大きなニュースのはざまで、張教授の死は大きく報じられることはなかった。しかし、この知らせは、米中両政府の関係者に大きな衝撃を与えた。

張教授は量子物理学の第一人者として知られる一方、シリコンバレーで最先端技術に資金を投じる投資会社「DHVC」を立ち上げていた。トランプ政権は、この投資会社が中国政府によるシリコンバレーでの技術移転に大きな役割を果たしている可能性があるとして、警戒の目を向けていた。

米中首脳会談の10日前に発表されたアメリカ通商代表部の「技術移転・知的財産・技術革新に関する中国の行動・政策・慣行」と題する報告書で、懸念すべき企業として明記されたなかの一つに「DHVC」の名があった。同社はアメリカのAIやバイオテクノロジー関係の企業113社に投資しており、その元手となる豊富な資金の一部は中国政府から出ていたと見られている。

2013年に行われた同社の記念式典には北京市長が出席するなど、北京市の支援を受け、中国共産党とも深い関係にあるとされている。通商代表部は中国政府がDHVCなどの民間の投資会社を使って最先端技術に資金を投じることで、技術そのものを中国に移転していると警鐘を鳴らしてきた。張教授の家族は張教授がうつ病に苦しんでいたと明かしているが、トランプ政権から疑いの目を向けられ悩んでいたのではないかという臆測も出ている。

張教授の死後、私たちはシリコンバレーの同社を訪ねてみた。応対してくれたアジア系の女性社員は「教授の突然の死にみな驚き悲しんでいます」と話したが、米中関係の質問などの取材には応じなかった。アメリカでは産業スパイと疑われて逮捕されながら、その後、証拠不十分で釈放された中国系アメリカ人が少なくない。

・核兵器の研究施設、ロスアラモス研究所のウェンホー・リー氏
・アメリカ海洋大気局のシェリー・チェン氏
・テンプル大学の物理学者、シャオシン・シー氏

アメリカの司法当局はいずれのケースもスパイとして立証できず、謝罪に追い込まれている。中国系アメリカ人の団体「百人会」は２０１７年に「中国スパイの訴追」という報告書を公表した。

報告書は「産業スパイの疑いで訴追された中国系などアジア系の人々の22％がスパイの罪では有罪にならなかった」として、５人に１人が無罪の可能性が高いと結論づけた。

そして第二次世界大戦中、罪のない大勢の日系アメリカ人たちが強制的に収容所に送られた負の歴史に触れ、「肌の色で捜査すべきではない」と司法当局の姿勢を批判している。

スパイの摘発が強化される中、アメリカに暮らす中国人や中国系アメリカ人の人権が侵害されるおそれはないのか。

ロ国国家安全省の諜報員による産業スパイ事件を捜査するベンジャミン検事も、そしてチャイナ・イニシアチブを率いるヒッキー司法次官補代理も「人権が侵害されることは決してない」と否定する。しかし、米中新冷戦ともいわれる中、両国の対立がさらに激しさを増した時、本当に影響がないのか。その疑問は残されたままだ。

4 狙われるアメリカ企業

〝中国政府系〟投資会社の闇

アメリカ政府が〝技術流出〟を防ごうと中国からの投資や企業買収への規制を強める中、中国系の投資会社はいまも活動を続けているのか。その実態を探ろうと、国防総省マイケル・ブラウン氏がまとめた報告書で、〝中国政府が支援している〟と名指しされている会社にコンタクトを試みた。

まず連絡をとったのは、前出の投資会社「ＤＨＶＣ」。アメリカから「中国政府の資金をもとに、シリコンバレーの最先端技術を取得した」とにらまれている会社だ。

取材の申し込みから1カ月、同社には各メディアからの問い合わせが殺到していたようで返答はなく、その代わりにホームページに「私たちはアメリカで登記された投資会社です。国内外の特定の組織にコントロールされたり、機密情報を公開したりすることはありません」という文章が表示されるようになっていた。そして前出のとおり、同社の代表・張教授は、アメリカ政府からかけられた嫌疑について釈明することなく、自ら命を絶ってしまった。

DHVC以外にも、いくつもの中国系投資会社に取材を申し込んだが返答はなく、私たちはシリコンバレーの外れにあるW社に直談判を試みることにした。W社は、アメリカが「杭州市政府の資金を運用している」と断定している投資会社だ。

しかし会社を訪ねると、そこはもぬけの殻。窓から中をのぞくと、一部の電気がついたままで、テーブルや椅子が散乱していた。かつての事業内容を物語るのは、壁に掲げられたままの「アメリカと中国の架け橋になる」という標語だけだった。

二つの顔を持つ〝仲介役〟と接触

アメリカ政府の規制によって、中国系の投資会社は姿を消してしまったのだろうか。取材が難航する中、中国側の実態に詳しいという人物から「話をしてもいい」という連絡が入った。

夜の8時すぎに「今すぐ来てくれ」と言われた指定の住所に向かうと、そこはシリコンバレーにある地方テレビ局。スタジオでは、スキンヘッドの白人男性による対談番組の収録が行われていた。この男性が私たちを呼び出した人物、ショーン・フリン氏だ。

「Silicon Valley Successes（シリコンバレーの成功者たち）」というインターネット向け番組の司会者で、アメリカの優良なベンチャー企業などの情報を中国へライブ配信していた。スタジオでは、フリン氏の妻だという中国人女性がライブ配信の手伝いを行っていた。いかにも「シリコンバレーの中国通」という雰囲気を醸し出しているフリン氏。ネット番組の司会業を通して中国系企業や投資家の実態を詳しく知っている、というところだろうか。

しかし収録後、フリン氏に話を聞くと、彼には「もう一つの顔」があることがわかった。中国側の実態に詳しいどころか、フリン氏自身が中国資本の会社で働いているというのだ。資金源と社名はオフレコという条件で、フリン氏は自らの素性を語ってくれた。

「私が働いているのは、シリコンバレーにある中国資本の会社で、アメリカのベンチャー企業を支援する業務を行っています。支援とは、技術開発のために資金やオフィスを提供したり、経営の助言をしたりすることです」

フリン氏の会社が行っているのは、いわゆる「アクセラレーター」と呼ばれる業務。アクセラレーターは直訳すると「加速させる人」。アイデアはあっても資金がないベンチャー企業などに対し、必要な資金や無料のオフィス・会議室などを貸したり、人脈の紹介や事業のノウハウを伝授したりして、企業の成長を促進するのが仕事だ。

アクセラレーターの中には、支援と引き替えにベンチャー企業の株式を求める場合もあるが、フリン氏の会社は違う。育てたベンチャー企業を中国側に紹介し、現地で事業を始めるよう仕向けることが目的だという。

「中国側の狙いは、将来グーグルやウーバーのように価値を生み出す企業を、中国へと誘致することです。かつて中国は製造業で栄えましたが、今後それだけでは生きていけないので、有望なアメリカ企業を誘致して地元の産業として育てようと考えているのです。私の役割は、こうした中国側とアメリカ企業の間に立って、移転や誘致の手伝いをすることです」

第1章で実態を描いた、アメリカで働く中国人を引き抜く〝海亀ビジネス〟よりもはるかにスケールの大きい、会社ごとの引き抜き。フリン氏は、その橋渡しをする企業誘致の〝仲介役〟を担っていたのだ。

中国マネーによる〝技術流出〟の実態

フリン氏によると自らの会社と同じように、アメリカ企業を中国に誘致する投資会社やアクセラレーターは、シリコンバレーにいくつもあるという。フリン氏からの情報をもとに探してみると、赤い中国国旗を掲げたビルや、看板に中国語が書かれた会社が複数見つかった。中には、〝中国のシリコンバレー〟と呼ばれる深圳や、北京郊外にあるハイテク都市・中関村《ちゅうかんそん》の地名を冠し、中国地方政府とのつながりを露わにしている会社もあった。こうした中国系企業は巨額の投資や大企業の買収ではなく、少額の投資やベンチャー企業の支援を専門としている。そのためアメリカ政府が強化している規制の網にはかからず、いまも活発に活動を続けられているのだ。

ではいったい、中国側はどうやってアメリカ企業を誘致しているのか。その一端が垣間見られる会合にフリン氏が参加するというので同行した。

訪れたのは、シリコンバレーから車で30分ほど離れたサンフランシスコにある貸し会議室。アメリカ各地から集まったベンチャー企業家たちが檀上に立ち、自分たちのアイデアや事業についてプレゼンテーションを行っていた。それを投資家などが聞いて、出資するかどうかを判断する会合だ。

この場に招かれた投資家側の半分が中国人や、フリン氏のように中国資本の会社に雇われたアメリカ人だった。彼らは、AIやロボットを駆使したベンチャー企業のプレゼンテーションを熱心にメモし、話が終わるといくつも質問の手があがった。

こうしたベンチャー企業によるプレゼンテーションは「ピッチ」と呼ばれ、シリコンバレーでは毎日のようにどこかで行われている。ピッチが終わると「ネットワーキング」という交流の場が持たれ、投資家やアクセラレーターの側が有望なベンチャー企業に接触し、投資や支援を持ちかけるのが一連の流れだ。

アメリカ政府が中国を警戒する中、ベンチャー企業側は中国マネーを受け取ることに抵抗はないのだろうか。ボストンから来ていたAIを扱う企業の広報担当者に問うと、けろりとした表情で「会社を成長させるために資金が欲しいんです。たとえ中国の投資会社であろうと、お金をもらえるのなら喜んで受け取りますよ」と答えた。

中国に取り込まれる米ベンチャー企業

フリン氏の会社では、こうしたピッチなどで目をつけたベンチャー企業を自社ビルに集めて資金や助言を与え、一定の開発期間を経ると再びピッチをさせて、将来性のある企業を選別していく。そして最終目標である中国への企業誘致を持ちかける際に、「ある手」を使うのだと打ち明けてくれた。

「優れたピッチを行ったベンチャー企業に無料航空券をプレゼントし、中国ツアーへと招待します。ツアーはだいたい1週間ほど。複数の都市を一緒に回らないかと誘うのです」

フリン氏が「ロードショー（地方巡業）」と呼ぶ、この無料ツアー。ベンチャー企業をひきつれて中国の都市をいくつも回り、現地の政財界の人間を紹介して、ここでもピッチとネットワーキングを繰り返すのだという。

中国では国家戦略「中国製造2025」の号令のもと、いくつもの街が「第二のシリコンバレー」になることを目指し、ハイテク企業の誘致合戦を繰り広げている。企業が移転してくることで、地元の人材や資源が活用され、街としても発展できるともくろんでいるのだ。

そのため中国側は、有望なベンチャー企業に対して、「私たちの街で事業を始めてくれれば、税金を免除します。オフィスとして使うビルもあげましょう」などと、様々な優遇策を持ちかけてベンチャー企業を口説くのだという。

フリン氏自身はアメリカ人だが、自国の企業を中国へと送り込む〝仲介役〟の仕事に罪悪感はなく、むしろビジネスとして正当な行為だと考えている。

「中国側はベンチャー企業を誘致して街を発展させたい。ベンチャー企業も、中国マネーや市場に魅力を感じている。私はその間を取り持っているだけです。こういった企業誘致は、かつて製造業の世界でも頻繁に行われていたことで、それがいまハイテク分野に移ったのです。金を使って技術を奪っているという批判もありますが、それだって『自由市場の原理』じゃないでしょうか」

最後にフリン氏に、アメリカ政府が中国への〝技術流出〟を防ごうと躍起になっていることについて感想を求めると、「もう手遅れですよ」とあざ笑った。

「中国への技術流出を止めたければ、何年も前に動くべきでした。すでにアメリカの優秀な人材や企業が数多く中国へと渡っていますし、このグローバルな流れは止まらないでしょう。中国はハイテク技術のすべてを手に入れようとしています。今後、中国がアメリカを追い抜いて世界一になる分野も出てくるでしょう」

第３章 次世代通信「５Ｇ」攻防戦

――アメリカは何を恐れたか？　ファーウェイ事件の真相

1　世界を驚かせた逮捕劇

ファーウェイ副会長逮捕の衝撃

２０１８年12月1日、カナダのバンクーバー国際空港。香港発の便から降り立った中国人の女性が、突如身柄を拘束された。その女性は、中国の大手通信機器メーカー「ファーウェイ」の孟晩舟副会長。父親である創業者・任正非《じんせいひ》ＣＥＯ（最高経営責任者）の後継者とも見られていた超大物の逮捕に、世界に激震が走った。

ファーウェイは、軍の技術者だった任ＣＥＯが１９８７年に設立。スマートフォンや通信機器を製造し、２０１８年の売り上げは、11兆円を超えている。スマートフォンの世界シェア（２０１９年1～3月）では、サムスン電子に次ぐ第2位で、世界首位の座も視野に入っている。次世代の通信方式、５Ｇの分野では、世界トップの技術を持っていると言われている。

カナダの捜査当局は、アメリカ政府の要請を受けて、この孟副会長の逮捕に踏み切った。逮捕容疑は、アメリカによるイランへの制裁をめぐる詐欺。ファーウェイが「スカイコム」という関係会社を通じて、イランの通信会社と取引を行ったというもので、孟副会長は、複数の金融機関に虚偽の説明をして、違法な取引に巻き込んだとされている。最大で30年の禁固刑に服す必要がある重い犯罪だが、アメリカの狙いは、単なる詐欺ではなく別にあると見られていた。

先に述べたように、ファーウェイの孟副会長が逮捕された同日、南米アルゼンチンの首都ブエノスアイレスでは、アメリカのトランプ大統領と中国の習近平国家主席の首脳会談が行われていた。世界1位と2位の経済大国による、制裁関税と報復関税の応酬でエスカレートしていた米中貿易戦争。

果たして会談の結果は、一時休戦。トランプ大統領は、株価への影響を懸念して、中国からの2000億ドルの輸入品に課している関税の上乗せを、10%から25%に引き上げるという追加の制裁措置の発動を棚上げして、交渉の継続を選択した。2018年の年末にかけた株価の急落などで弱気になったトランプ大統領が、一時的に拳を下ろしたといえる。

しかし米中の貿易戦争は、中長期的には、終わらない戦いだと見られている。その対立の背景にあったのは、米中のハイテク覇権争いだ。目を向けると、世界を驚かせた孟副会長の逮捕劇は、必然のシナリオだったのかもしれないとさえ感じられるのだ。

ハイテク覇権の鍵握る5G

米中の貿易戦争の火ぶたが切られたのは、2018年3月。アメリカのトランプ政権は、知的財産権の侵害を理由に、通商法301条に基づいて、中国からの輸入500億ドル規模に25%の高い関税を上乗せすることを決めた。

3カ月後、追加関税の対象となる1102品目を発表。この品目の選定にトランプ政権の狙いが込められていた。航空、情報通信技術、ロボットと、いずれも中国が強化を目指すハイテク製品ばかり。

対象品目の選定を発表した際の、ライトハイザー通商代表の声明には、その危機感があらわになっている。

「我々は、アメリカの知的財産を盗み、アメリカ企業に技術移転を強制し、そして我が国のコンピューターネットワークへのサイバー攻撃を行う、中国による、かつてない脅威に

ハイテク覇権の鍵を握る「5G」。ファーウェイ本社に掲げられたロゴマーク

対抗して、アメリカのハイテク覇権を防衛する強力な行動に打って出なければならない。中国政府は、『中国製造2025』といった産業政策や不公正な貿易慣行によって、アメリカのハイテク覇権を脅かそうとしている」

国家主導でハイテク覇権を目指す中国に対し、アメリカは、このままでは経済はもちろん安全保障の分野でも、中国に屈することになると危機感を強めていた。

そして、このハイテク覇権の鍵を握るのが、次世代の通信方式である5Gだ。詳細は後で触れるが、世界を変える新たな産業革命をもたらすと期待されている。

その5Gの普及に向けて、基地局などの設備を製造しているのが、ファーウェイである。つまりトランプ政権にとってファーウェイとは、アメリカのハイテク覇権を脅かす象徴的な存在だった。その危機感こそが、アメリカを孟副会長の逮捕に駆り立てた原動力だったといっても過言ではない。

アメリカが仕掛けるファーウェイ包囲網

トランプ政権は、孟副会長の逮捕に先立って、ファーウェイの締め出しに向けて具体的に動き出していた。

２０１８年8月、国防予算の大枠を定める、国防権限法が成立。この中には、政府機関で、ファーウェイなど中国の通信機器メーカーの製品を使うことを禁止する条項が盛り込まれた。国の機密情報が漏洩するのを防ぐ狙いだ。さらには、政府機関だけでなく、アメリカ国内の民間の通信会社に対しても、中国メーカーの通信機器の使用を禁じる大統領令が準備されているとも伝えられている。

このファーウェイ包囲網の圧力は、世界各国の同盟国にも及んでいる。２０１9年2月、ドイツ・ミュンヘンで開かれた安全保障会議。ペンス副大統領は、中国政府の幹部も出席していた国際会議の場で、各国に対してファーウェイ製品の排除を呼びかけた。

「アメリカは通信技術、そして国家の安全を守るシステムを危険にさらす、あらゆる企業を拒絶することをすべての関係国に求める」

中国では、法律で通信企業に政府へのデータ提供が義務づけられているとして、安全保障の脅威になると訴えたのだ。

ペンス副大統領は、これに先だってポーランドを訪問。首都ワルシャワでドゥダ大統領と会談した。この中で、ポーランドの治安当局がファーウェイの現地法人の中国人幹部らをスパイ容疑で逮捕したことを称賛した。ペンス副大統領による、ファーウェイ外しのミッションを掲げた訪欧と時を同じくして、今度はポンペオ国務長官も、ファーウェイの製品を使用する国とは、情報共有はできないと主張。同盟国に対しても、安全保障を揺るがすリスクだとして、ファーウェイ排除の包囲網に協力するよう強く要請した。

浸透しないファーウェイ排除の大号令

しかし、トランプ政権が仕掛けるファーウェイ包囲網はほころびが見えている。トランプ政権は、ファーウェイなど中国製の通信機器の使用を禁じる措置を、政府機関だけでなく、民間の通信事業者にも拡大することを決めたが、それにはアメリカ国内でも反発する声が上がっている。その代表が、アメリカの地方の通信事業者だ。

彼らは、安いコストで導入できる中国製の製品に依存してきた。業界団体の調べでは、中国製の機器を交換するためには、全米で、１０００億円の費用がかかると見られている。

「20%から40%は、他社の製品より安い。製品を導入して以来、一度も故障したことはなかった」

私たちの取材にこう語るのは、アメリカ西部オレゴン州の通信事業者、イースターン・オレゴン・テレコムのＣＥＯジョセフ・フラネル氏だ。

フラネル氏の会社が抱えるインターネットや電話のサービスの契約者は、およそ6万人。このうち20%に上る、1万２０００人がファーウェイの通信機器を経由してサービスを利用している。２０１３年に、初めてファーウェイの製品を購入したフラネル氏の会社では、翌年には、社員が中国・深圳のファーウェイ本社や北京にある研究開発センターを訪問するなど信頼関係を深めてきた。

フラネル氏は、「ファーウェイは、５Ｇのリーダーだ。５Ｇのネットワークの構築でも、選択肢として検討したい」と語った。

さらに、トランプ政権が同盟国に呼びかけた、ファーウェイの排除を求める大号令も、浸透していない。EUは、2019年3月、5Gの整備に向けた指針を発表したが、ファーウェイ製品の排除にまでは踏み込まなかった。各国に判断をゆだねる形となり、アメリカとEUの同盟関係に溝が生まれる結果となった。

トランプ大統領は手ぬるい!?

とはいえ、アメリカ国内でファーウェイへの警戒感は根強い。2012年に公表された、ファーウェイに関する報告書がある。アメリカ議会下院の情報特別委員会がとりまとめたものだが、この中には、今のトランプ政権の主張がすでに網羅されている。つまり、現政権の発足前から、中国のハイテク覇権、そしてファーウェイに対する厳しい姿勢が、アメリカ国内に広く浸透していることがわかるのだ。

報告書は、「中国政府や中国人民解放軍と潜在的なつながりがある会社によって、もたらされる脅威がある」とした上で、こう提言している。

「ファーウェイによるアメリカ企業の買収は認めない。政府のシステムには、ファーウェイ製の通信機器は導入するべきではない」

その上で、民間企業に対しても、長期的な安全保障上のリスクを考慮すべきだとして、ファーウェイ以外の製品を使うよう強く勧めるとしている。

2012年2月、この報告書のとりまとめに当たった超党派の議員による調査団が、中国・深圳にあるファーウェイの本社や工場などを訪問した。彼らは多くの幹部にインタビューをして、安全保障などの観点からファーウェイに対して、抱える疑問を次々とぶつけた。しかし報告書では、「証言は、あいまいかつ不完全なものだった」として、アメリカが抱える懸念を解消することはできなかったとしている。

調査団を率いた民主党のルーパースバーガー下院議員は、トランプ大統領の中国に対する姿勢について、私たちの取材に対して次のように述べた。

「トランプ大統領は、中国を助けるために、最後には考えを変えてしまう。アメリカ第一主義を掲げながら、アメリカを厳しい状況に置いている」

トランプ大統領は手ぬるいと批判したのだ。

トランプ大統領が、2020年の大統領選挙での再選を目指す上で最も重視しているのは株価だ。

米中の貿易戦争は世界経済全体に悪影響を及ぼすとして、景気の減速懸念が高まっている。このため、ニューヨーク市場の株価も、一時急落した。こうした市場の動揺を受けて、トランプ大統領もいったんは弱気の顔をのぞかせた。それでも、今こそ中国の不公正な貿易慣行を正さなければ、ハイテク覇権を奪われるという危機感がアメリカを支配している。

中国に対する厳しい世論を受けて、トランプ大統領は2019年5月、強硬姿勢に転じた。米中の貿易交渉は5カ月に及ぶ協議も折り合いがつかず、トランプ政権は、5月10日、中国からの2000億ドルの輸入品への関税の上乗せを10%から25%に引き上げる制裁の強化に踏み切ったのだ。さらに残る3000億ドルの輸入品への関税引き上げの手続きに入った上、アメリカの企業に対して、政府の許可のない、ファーウェイに電子部品を販売するなどの取引を禁止すると発表した。ファーウェイの経営を揺るがす圧力強化は、米中貿易交渉で中国から譲歩を引き出す最大のカードとも見られ、緊張が高まっている。

2　ベールを脱いだファーウェイ

反撃の狼煙

アメリカから圧力を受けてきたファーウェイも黙ってはおらず、反転攻勢に出ている。

以前は中国メディアにもほとんど登場せず、謎に包まれた存在だった創業者の任正非CEO(74)が、2019年1月、日本メディアのグループインタビューに応じ、広東省深圳の本社なども公開したのだ。

「任正非が取材を受けます」と、広報担当者から電話があった時は思わず耳を疑ったが、取材に積極的に応じることで、国際世論の理解を得たいという焦りを感じた。

ファーウェイを一代で築いた任正非CEOとは、どのような人物なのか。

任CEOは内陸部、貴州省の農村出身で、教師である両親の元に産まれた7人きょうだいの長男だ。大学で建築を学んだ後、インフラ建設の技術者として人民解放軍に入った。しかし人員削減に伴って所属部門が解散したため、除隊。広東省の石油関連会社などで働いた後、1987年に退職金を使って深圳のアパートの一室で、仲間6人で立ち上げたのがファーウェイだ。

当初は電話交換機の代理販売から始め、電子工学は独学したという。その後、通信機器の自主開発と海外展開に力を入れ、今では世界170の国と地域で事業を手がけ、従業員18万8000人の巨大企業を一代で築いた立志伝中の人物だ。個人としての任正非は、中国メディアによると、仕事に厳しく、読書が趣味で、一人で過ごすのを好み、人付き合いが少ないことで知られているという。

任CEOが築いたファーウェイは、中国最大の通信機器メーカーであり、国家戦略「中国製造2025」の牽引役も果たす存在だ。事業には三つの柱があり、一つ目は消費者を対象にしたスマートフォンやパソコンなどの端末事業。二つ目は通信事業者を対象にしたネットワーク事業。そして三つ目が企業や政府機関を対象にした情報通信技術のソリューション事業だ。

2018年の売り上げは7212億人民元（前年比19・5％増／日本円で約11兆6474億円）、最終的な利益は593億人民元（前年比25・1％増／日本円で約9577億円）と、アメリカの圧力にさらされながらも高成長を続けている。

ファーウェイは従業員がすべての株式を保有する民間企業であることから、任CEOは「上場していないので、社会に説明する必要はない」として、これまでメディア対応が極めて少ないことで有名だった。

アメリカに反撃の口火を切る任正非CEO

任CEOのインタビューのため報道陣が案内されたのは、深圳の本社内にある内装や調

沈黙を破り報道陣の前に姿を現した
ファーウェイ・任正非CEO

度品もきらびやかなヨーロッパ風の迎賓館だ。そこに任CEOは笑顔で姿を現した。握手をした手は力強かった。

インタビューには笑顔を交えて応じていた。ただ記者対応に慣れていないせいか、側に控える広報担当の女性幹部が、質問に応じて、模範解答が書かれた数十枚のカードを時折、見せていたのが印象的だった。

また名刺を記者たちと交換する際、途中で自らの名刺が切れてしまい、秘書らしき人物に「急いで持ってこい」と強い口調で指示した時には、仕事への厳しい姿勢が感じ取れた。ただ、名刺が届くまでの間に一部の記者と個別の記念撮影を始めるなど、気さくな一面も見せた。

自身が今回、インタビューに応じた理由について問われると、「渉外広報部に出てこいと言われたのです。それに日本支社の代表からは、『CEOが説明をしてくれれば、日本でのスマートフォンの売り上げが伸びます』とも言われましたので」と答えた。率直な物言いが持論のようだ。

任ＣＥＯが力を込めて主張したのが、ファーウェイの製品を締め出し、他国にも同調するよう圧力を強めているアメリカへの反論だ。

「これまでの30年間、重大な事件や事故が起きていないことこそが、製品の安全性を証明している。アメリカは推測ではなく、証拠を示すべきだ」と述べ、現状への苛立ちをのぞかせたうえで、自社の技術力への自信をこう強調した。

「我々の製品を買わない西側諸国は少数で、多くの国々は買っている。５Ｇの分野で我々は最も優れており、我々の製品を買わない国は今後、立ち遅れるだろう。彼らはいずれその過ちに気付き、正そうとするだろう。その時には、我々は彼らの行動に理解を示す」

スパイ行為に利用されるという懸念を否定

ファーウェイをめぐっては、通信機器が中国政府のスパイ活動に利用されるのではないかと、アメリカなどが懸念を深めている。

背景にあるのが、２０１７年に中国で施行された「国家情報法」だ。この法律では「いかなる組織、国民も法に基づき国の情報活動を支持、援助、協力しなければならない」と明確に規定されている。つまり、仮に情報活動への協力を政府から求められた場合、要求に従わなければ、それは違法となりうるのだ。

また任CEOが共産党員、かつ人民解放軍の出身で、党や軍との関係が近いと指摘されていることも、懸念材料となっている。任CEOは、こうした疑惑を否定した。

「これまで政府から情報提供を指示されたことはなく、今後たとえ指示されたとしても拒絶する。そのことでたとえ私が起訴されたとしても、情報を提供して顧客の利益を害することは決してしない。顧客の利益が第一という価値観を守れなければ、会社は存在できなくなるからだ。私は共産党員であり、祖国を愛し、党を支持している。しかしイデオロギーとビジネスは、分けて考えなければならない。我々は海外に出れば共産主義がやってきたと批判され、国内では金持ちの資本主義だと批判されてきた。そもそも我々は設備会社に過ぎず、顧客のデータは通信会社が持っており、我々の所にはない」

逮捕された娘、孟晩舟副会長への思い

熱弁を振るう任CEOが話しぶりを変えたのが、娘の孟副会長の逮捕に触れた時だ。任CEOは表情を曇らせて、こう言った。

「逮捕を聞いた時は驚いた。無実だと思った。ただ、すでに司法手続きに入っており、コメントは差し控える。この問題はいずれ解決できるだろう」

また孟副会長は将来、後継者になるのではないかという憶測も出ていたが、任ＣＥＯは「孟晩舟が後継者になることはない。彼女は管理職であり、内部の調整や管理に長けている。しかし後継者は、深い技術的な背景を元に、市場の洞察力を持った、戦える人間でなければならない」と述べて、憶測をきっぱり否定したのが印象深かった。

孟副会長に関連して社内で目を引いたのが、本社の喫茶店で使われていた紙コップだ。側面には、「灯塔在守候　晩舟早帰航（灯台は待っている。晩舟が早く帰ってくるのを）」という詩が、絵と共に描かれていた。

広報担当者曰く、「孟晩舟が無事に早く帰ってきて欲しい」という従業員全体の気持ちが込められたものだという。強気で発言する任ＣＥＯの、父親としての気持ちが垣間見えた気がした。

豚骨ラーメンがお気に入り――日本との関係強化の意向

このほか任ＣＥＯが強調したのが、日本との取引拡大の意向だ。

ファーウェイと日本との関係は深い。ファーウェイは２０１１年に経団連に加盟し、日本企業から多くの部品などを購入している。２０１８年には７２００億円相当を日本企業から調達していて、任ＣＥＯは２０１９年には20％増やして80億ドル（約８８００億円）に増やす見通しを示した。ファーウェイは日本製の部品の品質の高さを評価している。ファーウェイにとって、日本は商品の売り先であること以上に、部品の調達先としての重要性が高い場所になっている。

そのため、日本の政府調達では事実上、製品を排除する動きが進んでいるが、任ＣＥＯはあくまでも今後の関係強化に前向きだ。

「日本政府の要求を理解し、今後も企業によいサービスを提供したい。ファーウェイは何でもやる横柄な企業ではなく、沢山の買い物をする企業だ。ファーウェイが日本企業に求める高い要求は、日本の産業の進歩を促進し、企業に長期的で持続的な発展をもたらすだろう」と述べて、今後も取引を拡大したいという意向を強調していた。

さらに、中国語でも歌われている日本の歌謡曲「北国の春」がお気に入りで、「豚骨ラーメンが好きだ」と話すなど、親日ぶりのアピールも欠かさなかった。任ＣＥＯの娘のうち、一人が第２外国語で日本語を学んでいるというのも興味深かった。

日本の生産技術を活用したスマートフォン工場

インタビューに合わせて、工場や研究拠点の見学も行われた。案内されたのは、深圳の隣にある東莞のスマートフォン工場だ。工場に入ってまず目に付いたのは、「我們毎天都在生産世界上最好的手機（私たちは毎日、世界で最も優れたスマートフォンを作っている）」と、壁に大きく掲げられたスローガンだった。

工場内の印象は、「人が少ない」ことだ。2013年には120メートルの生産ラインに80人が配置されていたが、自動化を進めたことで今では17人に減り、今後は10人以下に減らす目標だという。ラインの間の通路では、小型ロボットが自動で行き交い、部品を次の行程に渡す作業などを担っていた。このラインでは28・5秒に1台のペースで、スマートフォンを製造しているという。

そしてもう一つの印象は、「日本の生産技術を活用していること」だ。壁には「改善（KAIZEN）」という文字が貼られていた。トヨタ自動車が生み出した「トヨタ生産方式（TPS）」の概念だ。隣には従業員による改善の具体例も紹介され、優秀な提案をした従業員は「改善達人」として表彰されていた。またラインでも、動力を使わずに重力やてこの原理を活用して部品などを運ぶ、「カラクリ」と呼ばれる仕組みも導入されていた。設備の多くは、日本製やドイツ製のものだ。

工場の説明をした担当者は、「トヨタの工場を見学したことがある」という。「日本の技術はとても参考になります。我々のところで改善を進め、今では〝HPS（ファーウェイ生産方式）〟と言っていますよ」と、冗談交じりに話していた。この呼び方には違和感を覚えたが、日本の生産技術がファーウェイの躍進に一役買っているのは間違いなさそうだ。

新しい研究拠点は、まるでヨーロッパ風のテーマパーク

続いて案内されたのは、建設中の新しい「研究開発拠点」だ。しかし、目の前に広がるのは、広大な敷地にたたずむヨーロッパ風の城のような建築や路面電車だった。研究用という用途からは想像も付かない、まるでテーマパークのような空間だった。

東京ディズニーランドの約2・5倍に当たる総面積127万平方メートルの敷地に、108もの洋風の建物が建ち並び、フランスのパリ、イタリアのボローニャ、スペインのグラナダ、ドイツのハイデルベルク、イギリスのオックスフォードや、ルクセンブルクなど、ヨーロッパの12都市が再現されている。整備費はおよそ1500億円（100億人民元）。

広場には噴水のほか、人や馬の彫刻も鎮座している。デザインは、日本の設計会社「日建設計」が手がけているという。

そういえば、任CEOのインタビューが行われた場所もヨーロッパ風の迎賓館だった。ファーウェイは、西洋風が好きらしい。園内には拠点内を社員が移動するためのレトロな外装の電車まで走っていて、7・8キロの線路を22分で1周する。2万5000人の従業員が、この新たな街で研究開発に従事する計画だという。敷地にいると、ここが研究施設でも中国でもなく、ヨーロッパの都市を歩いているかのような錯覚に陥った。技術者の研究開発のためにここまで非日常な空間を作り上げたことに、ファーウェイの技術開発重視の社風を感じた

また、城のような建物の前にある池で休んでいたのが、「ブラックスワン(黒い白鳥)」ともいわれるコクチョウだ。「ブラックスワン」という言葉には金融界などで「想定外の衝撃的な事態」といった意味合いがあるため、「従業員に危機感を持って仕事をして欲しい」という思いを込めて、オーストラリアから輸入して飼われているという。湖面に浮かぶコクチョウの姿は、副会長が逮捕され、アメリカからの圧力が高まるファーウェイの現状を示唆しているようにも感じられた。

研究開発費はトヨタの1・5倍

　また、撮影は許されなかったが、別の研究施設も訪れることができた。このうち「構造材料技術ラボ」では、耐久性の向上に向けた研究が行われていた。ヨーロッパでは下水道のような場所に設備を置くケースもあることから、2014年から下水を再現した水の中に機器を浸けておく腐食実験が行われていた。また基地局の開発が行われているラボでは、従来の物より軽量な屋外用カバーや、雨や雪が付着しづらい材料の開発を行っていた。

　ファーウェイは、技術開発に多額の人員と資金を投入することで知られている。18万人余りの従業員のうち、8万人が研究開発に携わっている。また売上の10～15％を研究開発に投入する方針を掲げていて、2018年の研究開発費は売上の14・1％に当たる1015億人民元（前年比13・2％増。日本円で1兆6392億円）に上る。これはトヨタ自動車の2018年度の研究開発費1兆4888億円の約1・5倍に当たる規模だ。また国連の専門機関WIPO（世界知的所有権機関）によれば、2018年に世界で出願された国際特許はファーウェイが5405件と世界一になっている。莫大な研究開発への投資が、安くて品質もいいと評される、ファーウェイの競争力の源泉となっていた。

加速する5Gの技術開発

目下、研究開発の最前線になっているのが、次世代の通信規格「5G」だ。5G製品の責任者を務める楊超斌《ようちょうひん》総裁は2019年3月の記者会見で、こう述べて技術力の高さをアピールした。

「ファーウェイは5Gの技術研究を10年以上行っており、（技術面で）同業他社よりも12カ月から18カ月先を進んでいる。ファーウェイが北米市場に参入できれば、その地域の5Gの整備費を15％以上削減できるだろう。世界では3Gを5億人のユーザーが使うのに10年かかったが、4Gでは5年に短くなり、5Gではたった3年で普及すると見ている」

この言葉通り、ファーウェイの5Gの技術開発は勢いを増している。ファーウェイが取得した5G関連の特許は2750件を超え、2019年5月時点で、ヨーロッパや中東、アジア太平洋の通信事業者と42件の契約を結び、10万の基地局を整備したという。

5Gの通信設備ではスウェーデンのエリクソンやフィンランドのノキアも有力企業だが、コストなどの競争力ではファーウェイがリードしているとされている。これが、各国がアメリカによる製品の締め出し要請に素直に応じない由縁でもある。ファーウェイと取引がある、日本企業のある担当者と雑談していた際、「ファーウェイの性能は優れていて、他社よりも安いのが魅力だ。アメリカとの関係で今後は使いづらいが、他国がファーウェイ製品を使っていく中で、日本だけがコストが増えて整備が遅れることになりはしないだろうか」と心配そうに話していたのが、印象に残った。

自動運転のＡＩも開発中

ファーウェイが研究開発を強化しているのは5Ｇにとどまらない。ＡＩの開発にも力を入れていて、報道公開では2012年に社内で設立された「ノアの箱舟研究所」と呼ばれるＡＩの研究所も案内された。この名称は、デジタル社会のビッグデータの洪水に飲み込まれないよう、人類を救うノアの箱舟の逸話になぞらえて、任ＣＥＯが名付けたものだという。世界各地で計300人の技術者が研究に従事している。

ここも撮影不可だったが、研究所では、スマートシティの取り組みとしてＡＩを使って街全体の消費電力を抑えたり、写真を自動補正して色鮮やかにしたりする技術の開発が行われていた。このうち印象に残った事例は、「自動運転」の技術だ。ファーウェイはこの研究所で開発したＡＩを使って、ドイツのアウディと連携し、自動運転車の開発を行っているという。

現場で見せられたデモ映像では、上海の街中を自動運転車が走行し、無人で車庫入れする様子が映し出されていた。すでに自動運転の技術で、上から2番目の「レベル4（特定の状況であれば完全自動運転が可能）」を実現したということで、スムーズな走行に見えた。今後、5Gやスマートフォンなど通信分野だけではなく、AIの分野でも競争力を高め、米中の技術対立の局面が増えていくのかもしれない。

アメリカを挑発、そして提訴

2019年1月に任CEOが日本を含め国内外メディアに姿を現して以降、ファーウェイは積極的な対外発信に舵を切り、反撃のボルテージを上げている。2月にはアメリカの主要紙に全面広告を出し、「あなたが聞くすべてのことを信じないで。私たちに会いに来て下さい」とアピールした。

また同月にスペイン・バルセロナで開かれた大規模展示会「Mobile World Congress 2019」の基調講演では、郭平《かくへい》副会長は、皮肉たっぷりのスピーチを披露した。

「ファーウェイにかつてないほど関心が集まっていますが、これはきっと我々が何か正しいことをやっているからなのでしょう。プリズムよ、プリズム。この世で一番信頼できる

ファーウェイが開発している画像認識システム

国はどこ？　これは重要な質問です。この質問を理解できないのなら、エドワード・スノーデン氏に尋ねてみて下さい。最高のテクノロジー、そしてより高いセキュリティーを考えるなら、ファーウェイを選んでください」

「プリズム」とは、アメリカ政府の情報機関、NSA（国家安全保障局）が、大手インターネット関連企業を対象に、大量の個人情報の収集を秘密裏に行ってきたとされる監視システムのことだ。CIA（中央情報局）の元職員で、ロシアに亡命したエドワード・スノーデン氏が、その存在を暴露した。このことを、グリム童話の「白雪姫」に登場する、「鏡よ鏡、世界で一番美しいのは誰」という台詞になぞらえ、アメリカを挑発するような口ぶりで自社の安全性をアピールしたのだ。

そして3月7日。再びファーウェイから取材の案内が来た。出向いた深圳の本社で明らかにされたのは、アメリカに対する宣戦布告ともいえるものだった。ファーウェイは、アメリカ政府が自社の製品の使用を禁止した措置は、アメリカの憲法に違反するとして、この措置の差し止めを求める訴えをアメリカの裁判所に起こしたのだ。「アメリカ議会が、立法だけでなく法の裁決と執行まで行おうとしている点で、アメリカの憲法における三権分立の原則に反している」という。本社で会見した郭平副会長は力強い口調で主張を展開した。

「この措置はファーウェイのみならず、アメリカの消費者にも損害を与えるものだ。アメリカ政府は我々のサーバーをハッキングしてEメールやソースコードを盗み出したにもかかわらず、いかなる証拠も示せていない。さらには他国の5G市場から我々を締め出そうとしている。アメリカ政府は我々の優れた5G技術を採用した他国が、アメリカに追いつき、追い越すのを恐れているのではないか。アメリカ政府はファーウェイを締めつけることで利益を得ようと誤った思いを抱いているが、真実はアメリカと他国の利益を害するだけだ」

この会見はネットで生中継されていた。郭副会長が原稿を読む手元には、発売予定の折りたたみ式のスマートフォンが使われていて、新商品のアピールも欠かさなかった。

中国政府の後ろ盾

さらに3月29日に開いた決算会見での郭副会長の発言は、もっと辛辣だった。

「ファーウェイを選ぶ企業は、5G時代に最も高い競争力を発揮でき、ファーウェイを選ぶ国はデジタル経済における次の成長の波にいち早く乗ることができるでしょう。要塞を強化する最も簡単な方法は、外部から圧力をかけることです。不公平で不公正な圧力があるほど、我々はさらに強くなるでしょう。各国はアメリカの利益ではなく、自らの利益に基づいて判断を下しています。アメリカは我々に太刀打ちできないからといって、中傷はやめるべきです。これは失敗者の心理であり、アメリカが対応を改めることを望みます」

ファーウェイの強気な姿勢の裏には中国政府の後ろ盾がある。

2019年3月の全人代で行われた記者会見で、李克強首相は「他国の情報を中国企業に監視するよう要求することは中国のやり方ではない。現在もしていないし、将来も絶対にありえない」と述べている。

さらに王毅《おうき》外相も「中国の特定の企業や個人に対して行われていることは単純な司法事

件ではなく、意図を持った政治的な抑圧だ。我々は中国企業と国民の正当な権利と利益を守り抜く。これは中国政府が譲ることができない責任だ」と述べるなど、ファーウェイを擁護する姿勢を鮮明にしている。孟副会長が逮捕された後、中国当局によってカナダ人2人が相次いで拘束されたことは、中国による報復措置という見方も出ている。

アメリカの締め付けが新たなステージへ

反転攻勢に出たファーウェイに対して、アメリカの締め付けは2019年5月、新たなステージに突入した。前節でも述べたが、アメリカ商務省は、アメリカの企業が、政府の許可無く、ファーウェイに電子部品を販売するなど、取引するのを禁止すると発表した。ファーウェイがアメリカ市場に製品を販売するだけでなく、アメリカ企業から部品を調達することも制限されることになり、ファーウェイにとっては大きな打撃だ。

なぜなら、ファーウェイはアメリカ企業から、半導体などの部品やソフトウェアを大量に調達しているからだ。2018年のグローバルの調達額は約700億ドル（約7兆円余）で、このうちアメリカ企業からは約110億ドル（約1兆円余）を占めている。またファーウェイが2018年にサプライヤーを集めたイベントで、主要企業92社が公表されたが、このうちアメリカ企業はインテル、クアルコムなど33社と一番多かった。このほかは中国大陸が25社、日本が11社などとなっている。2018年に同じように取引を制限された通信機器メーカーのZTEは一時、操業停止に追い込まれ、罰金の支払いや経営陣の刷新などを条件にアメリカと和解した。今回のアメリカの対応について、一部メディアの取材に答えた任CEOは、アメリカの対応を強く批判した。

「私たちは絶対にZTEのような道はたどらない。生産にはある程度の影響はあるだろうが、大きくはない。ただ、販売収入の増加率はいくらか落ちるだろう。トランプ大統領は、減税政策をしている点で偉大だが、間違っているのは、あちこちの国を脅かしたり、人を拘束したりすることだ。そのような国に誰があえて投資しようとするのか。私達はアメリカと激しく衝突するときに備えて、十数年前から準備を進めてきた」

ファーウェイは子会社のハイシリコンで「麒麟」と呼ばれる高品質の半導体を開発するなど、技術の自主開発に力を入れている。しかし、すべてを自ら調達するのは困難であり、サプライチェーンの再構築にも時間がかかるだろう。アメリカ政府はZTEに対しては和解を選んだが、安全保障の脅威と位置づけるファーウェイに対しても態度を緩めるかどうかは不透明だ。ファーウェイをめぐる米中の対立は、エスカレートし続けている。

使うのか、使わないのか——踏み絵を迫られる各国

5Gの実用化が始まり、「5G元年」とも呼ばれる2019年。ファーウェイをめぐり、世界は難しい時代に突入している。ファーウェイ側は「セキュリティーの危険性はないが、ないものをないとは証明できない」などと、再三、潔白を主張している。

しかし、ファーウェイが不安を抱かれているのは、自社の経営姿勢というよりも、日本を含む西側諸国の自由や民主主義といった価値観を共有しない中国共産党の影響力が及ぶ中国企業に、情報インフラを握られることのリスクである。もちろん、ファーウェイの製品を採用するか否かは、一義的にはセキュリティー面の技術的な分析を経て判断されるべきだろう。しかし、それに加えて「ファーウェイが何を言うかではなく、中国政府を信じることができない」という懸念を、ファーウェイ自らが払拭するのは容易なことではない。

この点で、ファーウェイ側と報道陣の記者会見は、平行線をたどっていた。

5Gの整備をめぐっては2019年4月時点で、アメリカが同盟国や友好国にファーウェイの締め出しを要請し、オーストラリアが追随し、日本もファーウェイを名指しこそしないものの、事実上アメリカに同調する動きを見せている。

一方で、韓国やアラブ首長国連邦などは採用しているほか、EUは全面的な排除に踏み

込まず判断を各国に委ねている。アメリカと情報活動で密接な関係にある「ファイブ・アイズ（アメリカ・イギリス・オーストラリア・カナダ・ニュージーランド）」の一員のイギリスやカナダでさえ、まだ態度を明確にしていないなど、対応は一枚岩になっていないのが現状だ。

さらに既存の通信インフラでは、アフリカなどの発展途上国でコスト競争力が高いファーウェイの製品が大きなシェアを占めており、こうした地域では今後もファーウェイ製品が使われていく見通しだ。

ファーウェイの製品を使うのか、使わないのか。安くていいものを買うという市場原理は、もはや通用しないのかもしれない。アメリカの圧力と中国の攻勢の間で、日本を含め各国は難しい判断を迫られていく。その判断が正しかったのかどうかは、数年後、５Ｇの整備とサービスの展開状況がその答えになるだろう。

3 「5G」の勝者は誰か？

あらゆる生活・産業を支える基盤

「5G元年」と言われる2019年。4月にアメリカと韓国の通信会社が世界に先駆けて5Gのスマホ向けのサービスを始めたと発表すると、これを追いかけるかのように、日本でも4月に総務省が携帯電話各社に対する5Gの周波数の割り当てを決定した。秋には日本でも、ラグビーワールドカップのスタジアムで、実際に5Gの電波を使った試験サービスが始まる。中国も2019年中、ヨーロッパの各国でも2020年以降続々と5Gを使ったサービスが始まる予定だ。なぜ5Gは世界でこれだけ注目されているのか。

5Gとは、5段階目の通信規格の「5」と、世代＝ジェネレーション（Generation）の「G」を組み合わせたものだ。通信というインフラは、電気やガスと同じように目に見えないものであることや、利用者からすると届いている状態が当たり前になっているため、普段の生活で意識されることは少ない。ただ「3G」や「4G」の段階から、世の中に普及したスマホの画面上に表示されるようになったため、こうした通信規格も身近になってきた側面もある。

1Gから4Gに進むにつれて変わったことは、通信速度だ。様々なデータが高速・大容量で送れるよう、進化してきた。祭りやコンサートなどの混み合っている場所にいるときに携帯電話がつながりにくかったり、インターネット通信が遅くなったりといった経験をしたことがある人も多いだろう。特に3Gから4Gに変わるときに感じた変化は、こうした不便の解消だった。

5Gの特徴としても、もちろん、大容量のデータや画像を高速で送受信できる「高速・大容量化」が注目されている。いまの4Gと比べると10倍になると言われる。

今後、スマホやタブレットがますます普及し、移動しながら動画を送り合ったり、視聴したりすることが増えそうだが、多くの人が一斉に4Kや8Kといった高精細の動画を送受信する場合、いまの4Gでは限界がある。私たちの生活でも5Gという新たな通信インフラが欠かせなくなるだろう。

さらに、5Gがこれまでの規格以上に注目されている理由が「超低遅延」「多数同時接続」という二つの特徴だ。これらは、私たちの生活のコミュニケーションツールにとどまらず、産業向けの新時代のサービス形成に欠かせないと言われている。

自動運転、遠隔医療、工場のＩｏＴ化

それぞれを具体的に述べると、まず「超低遅延」とは、通信ネットワークにおける遅延、タイムラグを極めて小さく抑えるということだ。

この特性が生かされるのは、自動車という乗り物を根本から変えると言われる自動運転の分野。将来、ハンドルのない車が登場したとき、車を操縦するのはＡＩになる。車に搭載された複数のカメラやセンサーが、周囲の車や歩行者の動きや信号の状況などの車の情報を収集し、運転の判断を下す。

例えば、突然歩行者が飛び出してきたとき、ＡＩがすぐにブレーキをかける必要があるが、歩行者の認知とブレーキをかける行為の間にタイムラグがあると、当然事故の可能性が高まってしまう。４Gでは1秒のタイムラグがあると言われるが、５Gの通信網が整っていればこのタイムラグをごくわずかにできると言われているのだ。

このほか、人手不足に悩む建設業界では、無人の建機を導入しようという計画が進む。医療分野でも、地方などでの遠隔治療の普及が期待されている。

ＮＴＴドコモが２０１８年12月に開いた５Ｇの展示会では、５Ｇを使って建設現場に設置された複数のカメラから送られてくる高精細の映像を、離れた場所で見ながら無人の建機を操作する技術が紹介されていた。また、新幹線に乗車中の医師が、病院内で行われている脳の手術のクリアな映像を見ながら指示をする仕組みも紹介されていた。

一方、二つ目の特徴の「多数同時接続」は、５Ｇの電波を飛ばす基地局１台に同時に接続できる端末をこれまでよりも飛躍的に増やせるというもの。

この特徴が生かされそうなのが工場のＩｏＴ化（Internet of Things）だ。これは、工場で駆動する機器や、センサー、カメラなどを同時にネット接続して運用するもので、作業の効率化を進めるために製造業で注目される形態だ。

例えば、何十台もの産業用ロボットを協調して稼働させる際、通常は膨大な数のケーブルが必要だが、ケーブルがなくても無線の通信ですべてを動かせる。４Ｇの通信網でこれを実現しようとなると稼働の狂いが生じる可能性があり、より多くのモノを同時接続できる５Ｇが必要になるというわけだ。

このほか、総務省は、５Ｇの多数同時接続の機能によって、倉庫に保管された多数の物品の位置や中身を把握したり、災害時に大勢の避難者にウェアラブル端末を着けて健康状態を遠隔で確認したりといった用途への活用も期待できるとしている。

このように各業界・各企業が、次の競争の核となるサービスを実現しようというとき、そのベースに5Gという次世代の通信ネットワークが必要なのだ。

世界で始まる基地局受注競争

世界で普及が見込まれる5Gだが、この電波を飛ばすために必要になるのが基地局と呼ばれる電波を発信するアンテナだ。このアンテナとなる通信機器を製造しているのが、まさにファーウェイということになる。基地局はビルの上や鉄塔など、その国のあらゆる場所に設置されることになる。

特に5Gは4Gよりも電波を飛ばせる範囲が狭いため、より多くの機器が必要になると言われている。それゆえ、各国の通信会社がどのメーカーの機器を導入するのかにひときわ注目が集まるのだ。こうした通信用の機器を製造するプレーヤーは「基地局ベンダー」と言われるが、ファーウェイのほか、スウェーデンのエリクソン、フィンランドのノキアが激しくシェアを争い、韓国のサムソン電子、中国のZTEといった面々が続く。

このうち、ファーウェイの5Gの通信機器については日本の通信会社も導入を検討してきた。ある通信会社の幹部は「ファーウェイは技術が高いことに加えて、価格も比較的安く、設備投資費用を抑えたい通信会社にとっては使いたくなる製品だった」と述べていた。

中国勢の技術の成長を示す興味深いデータがある。国連の専門機関「WIPO（世界知的所有権機関）」が2019年3月に発表した、2018年に世界で出願された国際特許の数だ。それによると、WIPOを通じて出願された国際特許の数は、1位がアメリカの5万6142件（前年比－0・9％）、2位が中国の5万3345件（同＋9・1％）だった。アメリカは1位を維持したが、WIPOは、この伸び率から考えて「2年以内に中国がアメリカを抜くだろう」と指摘している。これに貢献しているのがファーウェイやZTEだ。企業別の出願数で見ると、日本の三菱電機やアメリカのインテルなどを押さえて、ファーウェイが世界1位の座に立っている。

多額の投資が必要な5Gの基地局は、各国の通信会社が短期間に一気に普及するというものではなく、3年、5年などの期間をかけて広げていくことになる。

2019年は5G元年だが、本格普及はこれからで、各メーカーの基地局の受注競争はいっそう激しくなる。ファーウェイをめぐる米中の対立は、各国の政府や通信会社の選択にどのように影響するか、関心は高まっている。

第4章　ブロックチェーンがすべてを変える

——新しい金融秩序が生まれる日

1　世界のお金の流れを変える

人々の暮らしを様変わりさせる技術

「ブロックチェーン技術って何？」と聞かれても、その答えにつまることが多かった。最も説得力があるのが、その実用化された現実を伝え、その現実が未来を変える可能性を感じてもらうことだ。その糸口を摑んだのが、アリババグループが始めたブロックチェーン技術を使った「国際送金サービス」だった。

この取材を通じて、この新たな〝金融技術〟が、世界の金融秩序をも大きく変える可能性を、何より取材者である自分自身が感じることになった。「スマホを持ってさえすれば、銀行は必要がない」という社会が、東南アジアの国々に広がっていたのだ。

香港とフィリピンの間では、ブロックチェーン技術によってスマホを通じて国際送金が行われ、人々の暮らしが様変わりしている。銀行のないフィリピンの農村部でも、通信エリアさえ確保されていれば、スマホ一つで何でも買い物ができる社会が築かれようとしていた。その技術を支えていたのが、まさにブロックチェーン技術だった。

これまで国際送金は、いくつもの銀行を経由して行われてきた。銀行間をつなぐ専用のネットワークでなければ送金できず、多額の手数料がかかっていた。アリババグループは、ブロックチェーンによる高度な暗号化技術を使い、極めて高いセキュリティーレベルを実現したことによって、従来の銀行ネットワークとは違った新たな国際送金サービスを構築していたのだ。

２０１８年7月、私たちは「ブロックチェーン」に関する番組を企画できないかと、西脇順一郎プロデューサーと頭を悩ませていた。それまでブロックチェーンは、仮想通貨を支える技術として知られることはあっても、それ以上の応用例は出てきていなかった。その仮想通貨自体、一時のバブルもはじけ、世間から遠い話の一つになろうとしていた。

ブロックチェーン技術とは、インターネットで行われている情報の管理を大きく転換すると注目されている暗号化技術だ。インターネットでは、情報はサーバーで集中管理されている。個別のサーバーがハッカーなどから攻撃を受けると、情報が流出したり、改ざんされるリスクがある。一方ブロックチェーンでは、情報は分散して管理される。高度に暗号化されるため、情報は改ざんされない。アメリカのＩＢＭなど世界中が注目している技術だが、一般の私たちには、まだまだ理解が難しいのが現実だ。しかし、その理解の難しさの先にある、社会の変革は何としても伝えなければならない——そうした思いに駆られていた。

企画の最初の段階では、中国のコーディネーターの楊昭氏と共に、新たな仮想通貨が生み出されるまでの一部始終をルポしていこうと考えていた。楊氏の知人が新たな仮想通貨の立ち上げを行うという情報を、入手していたからだ。そして２０１８年5月、中国では習近平国家主席が「ＡＩやブロックチェーン技術」を国家戦略の柱に据えていた。

結局、楊氏と進めていた仮想通貨誕生のドキュメントは成立しなかったものの、中国によるブロックチェーンを使った新たなサービスの数々、そして、それを実現する高い技術力をまざまざと感じることとなる。

アリババが生み出した新たな国際送金システム

スマホやパソコンを使った新たな国際送金サービスが始まるという情報は、香港で行われたアリババグループの記者発表からもたらされた。2018年6月下旬、アリババグループのジャック・マー会長自らが参加し、ある新しいサービスの発表会が行われた。それは、香港―フィリピン間の国際送金を、スマホからスマホにわずか3秒で行えるというもの。その場でジャック・マー会長は、「最も安いコスト、最も速いスピード、最も便利なやり方を用いて、すべての人たちの金融サービスの需要に応えたい」と、拳を握りしめながら熱く語った。

アリババグループは、ネット通販大手「アリババ」やその金融部門であるアントフィナンシャル、そして、今回の送金サービスの舞台の一つとなった香港のアリペイHKなどを抱え、今や、アマゾンに匹敵する企業になっている。年間の売り上げは4兆3000億円を超え、利用者も6億人を超えている。そのアリババグループは、もはや中国だけにとどまらず、新興国など世界へと視野を広げていたのだ。

その取り組みの一つが国際送金サービスだった。それを利用することで、アリババを通じたネットショッピングへの拡大へとつなげていく戦略もあった。

実はアリババグループは、2018年1月の時点で、アメリカの大手送金会社「マネーグラム」の買収に失敗していた。そのすぐ半年後、ブロックチェーン技術を使った新たな送金システムを自社構築するという技術の底力には、圧倒させられた。

12月、私たち取材班は、ブロックチェーン技術による社会の変革がどのように進んでいるのかを知るために香港へ向かった。アリババグループの記者発表から、半年近くが経っていた。

急速に台頭する中国のハイテク技術の脅威を包括的に扱う番組に加わることになり、ブロックチェーン関連の中国国内でのさらなる取材やその交渉などに時間がかかっていたからだ。

日曜日、私たちの向かった先は香港市内のセントラル広場。アリババの国際送金サービスの利用者が、そこに集まっているという情報を得ていた。毎週日曜日になると、多くのフィリピンからの出稼ぎ労働者が集まってくるという。最寄りの駅に着いた瞬間からフィリピンのタガログ語が聞こえてくるほど、広場は多くのフィリピンの女性であふれていた。

出稼ぎメイドたちが利用

香港には、昔からメイドとして多くのフィリピンの女性が出稼ぎにやってきている。私たちの目的は、そこに集まる人たちの中から、アリペイＨＫのアプリを使って故郷へ送金している人を探すことだった。先の楊さんに加え、タガログ語も必要となるために、フィリピンから大場康弘さんもリサーチャーとして駆けつけてくれた。大場さんは日本の神奈川県箱根町出身だが、フィリピンの女性と結婚して、現在はメトロマニラのケソン市に暮らしている。

大場さんとのやりとりは、海外出張の数日前から始まった。アリペイHKの送金サービスの利用者を探してほしいというのが、私たちの相談内容だった。それならば、毎週日曜日に多くのフィリピン人女性が集まるセントラル広場に来ればいいと言われたわけだ。私たちの今回の海外出張期間はおよそ1週間。その間に香港の利用者を見つけ出し、そしてフィリピンの家族を訪ね、さらにはアリペイHKの責任者にも話を聞こうという、かなり盛りだくさんのスケジュールだった。

香港に到着した翌日となる日曜日の朝、私たちは大場さんと会った。大場さんは、50代の半ばには見えないバイタリティーの持ち主で、「ブルドーザーのように」という喩えがぴったりくるような、重厚かつ深い取材をしてくれていた。大場さんは前日から香港に入っており、すでに10人のメイドさんと面会を重ねてくれていた。そのなかにアリペイの送金システムを使ったことがある人はいなかったが、そのうちの一人の女性が「その利用者にあてがある」というのだ。

セントラル広場へ向かう地下鉄の車内で、大場さんから前日の状況を聞いた。正直に言えば「あてがある」にはがっかりさせられるケースの方が多いのだが、そこに期待をかけるしかなかった。セントラル広場の最寄りの中環駅で降りると、二人のメイドの女性が待っていてくれた。私たちは、その二人にも助けてもらいながら、セントラル広場での利用者探しをするつもりでいた。しかし、まさにその二人から聞いた話は、飛び上がらんばかりの嬉しいものだった。

大場さんがあてにしていたという女性がモニカさん（34）。そして、モニカさんが連れてきてくれた女性がジョイ・トラクエナさん（30）だった。ジョイさんは、フィリピンの大学を卒業し、英語力を活かして香港でメイドをしているという。シングルマザーで11歳の息子がいる。

打合せのためにスターバックスコーヒーに入って話を聞くと、ジョイさんは〝わずか3秒〟の国際送金サービスを頻繁に利用しているという。実際にスマホを使って実演もしてくれた。

私たちは、希望していた取材対象者との予想外に早い出会いに驚いた。そして、のちに聞かされたジョイさんの国際送金サービス利用法が、私たちの心を打つものであることに、さらに驚くこととなった。

離れて暮らす家族にクリスマスプレゼント

国際送金サービスは、通常は銀行間のやりとりによって行われるものだ。それによって銀行は手数料収入を得ている。いくつかの金融機関を経由するので、おのずと時間と手数料がかかっていた。

先に述べたようにアリババグループは、このサービスを発表する半年前、アメリカの送金サービス大手であるマネーグラムの買収を断念せざるを得ない状況に追い込まれていた。

アメリカ当局がその買収を認めなかった理由は、「アメリカ国民の個人情報が脅かされるため」とアメリカメディアは伝えていた。アリババのジャック・マー会長は、そのわずか半年後、自らの技術力で銀行を介さないブロックチェーンによる送金システムの実現にまでこぎつけたのだ。すごいという言葉しか見当たらないスピードである。

私たちはジョイさんとモニカさんと共にセントラル広場に向かった。そこでは、香港にいるのかフィリピンにいるのかわからなくなるほど、タガログ語が飛び交っていた。レジャーシートを敷いて、1万人とも言われるメイドさんたちが休日を楽しんでいる。

ジョイさんたちは、電話をかけて3人のメイド仲間を集めてくれた。その中にアリペイの送金サービスを利用している人はいなかったが、ジョイさんから国際送金サービスのメリットを聞いた友人たちは、すぐにアプリをダウンロードしたいと口々に話していた。

メイドさんたちは､普通は銀行に長蛇の列を作って送金を行っている。それを考えると、わずかな時間で送金ができるということは、彼女たちにとって大きな魅力であることもうなずける。加えてこのアプリでは、アリペイの送金サービスと連動した形でアリババのネットショッピングサイトも利用しやすくなっている。

ジョイさんの友人の一人も、「アリババのネットショッピングサイトの魅力に気付くきっかけになった」と、洋服やアクセサリーの値段の安さや品ぞろえの豊富さを話していた。ブロックチェーンが始めたスマホによる国際送金サービスは、アリババグループが進める新たな経済圏の拡大を予感させるのに十分だった。

ジョイさんは、クリスマスを前にしたこの日、大切な人に送金しようと考えていた。フィリピンに残してきた一人息子のティモシー君に、送ったお金でクリスマスプレゼントを買ってほしいと考えていたのだ。ジョイさんの実家にはティモシー君のほかに彼女の両親がいたが、父親は体調を崩しており、香港で出稼ぎするジョイさんが家族の生計を支えていた。

「あなたがクリスマスプレゼントを買えるように送金するね。私は帰国できないから。バイバイ、愛してるよ」

そう息子にメッセージを送ったジョイさんは、目頭を押さえた。このサービスは、銀行口座のない人でもわずかな手数料で瞬時に送金できる世界初のシステムなのだ。

新興国17億人市場を視野に

ジョイさんが故郷のフィリピンに国際送金するやり方は、スマホに金額を打ち込み、コンビニで現金を渡すだけだ。自動的に香港ドルから、フィリピンペソに換算されていく。「あっという間に手続きが終わりますよ」と、コンビニを出てきたジョイさんが話していた。

私たちは、ジョイさんが送金したお金の流れを実際に追ってみることにした。香港からおよそ１５００キロ離れたフィリピン東部のカタンドゥアネス島がジョイさんの故郷だ。

母親のサラさん、そしてティモシー君が出迎えてくれた。ここには銀行やＡＴＭはないが、通信インフラは整いつつある。

ジョイさんの母親のサラさんは、スマホを持っていなかったので、携帯電話で送金番号を聞き、アリババグループと提携する両替所へと向かった。

両替所で送金番号を告げ、すぐに現金を引き出してきたサラさん。娘への感謝とともに、ハイテク技術の発展がもたらした新たな送金サービスの現実に、驚きを隠さないでいた。「かつては送金してもらってからお金を引き出せるようになるまで、数週間かかることがあった」という。

家に戻って、ティモシー君に現金を渡すサラさん。２０００ペソ、日本円でおよそ４３００円だ。かくして香港にいるジョイさんから、わずかな時間でティモシー君にクリスマスプレゼントが届けられたのだ。

「お母さんがお金を送ってくれたよ。あなたのクリスマスにだって。これで学用品が買えるね」

サラさんの言葉に、「ありがとう」と答えたティモシー君のはにかんだ笑顔が忘れられなかった。

実は送金サービスが始まってから、この島ではアリババのネット通販で買い物をする人が増えているという。両替所近くの携帯ショップで働く男性は、アリババグループの「ラザダ」というネットショッピングサイトでいつも買い物をしているそうだ。

「ゲームのコントローラーを探している。値段も安くていいです」

国際送金サービスでお金が島に還流し、そのことで消費も活性化していく。送金サービスを入口に新興国の消費者を取り込んでいくアリババグループは、今後アジアやアフリカなど新興国17億人の市場を視野に入れている。

私たちの取材に応じたアリペイHKの陳婉真《ちんえんしん》CEOは、「まだ、世界の多くの地域では、銀行のサービスを利用することができません」と強調する。この取材で見えてきたのは、新興国のまだ銀行やATMがない多くの地域でも、スマホがあり、通信設備さえ整えば、どこにいても誰でもお金のやりとりができ、買い物もできる時代となったということだ。

陳CEOは「これからは、インドネシアから香港に出稼ぎに来ている労働者を通じても市場を開拓していきます。アリババグループのサービスが、世界に影響を与えていくのです」と、今後の抱負を聞かせてくれた。

このインタビューの直後の2019年1月、アリババグループは、マレーシアとパキスタンで同様の方法を使った国際送金サービスを開始したと発表した。

ブロックチェーン技術を使った国際送金サービスの動きは、ますます加速しているように見える。

2　中国が挑む金融プラットフォーム覇権

国家戦略の柱となったブロックチェーン

私たちは今回の番組に先立ち、中国の仮想通貨の取材を進めていたことは前述したが、その取材が別の大きな動きを捉えることとなった。

私たちが取材を供にしたコーディネーターの楊の知人が、新たな仮想通貨の構想を持って動いていたことはすでに触れた。その知人が紹介してくれた一人の重要人物がいた。それが、中国北京に本社を置くＩＴ企業「太一クラウド」のＣＥＯを務める鄧迪《とうてき》氏だった。

私たちが鄧ＣＥＯと初めて会ったのは、２０１８年6月に行われた、中国科学院と太一クラウドによる官民共同の研究所の設立記念の時だった。これはビッグデータとブロックチェーンを融合させる目的で立ち上がった国家プロジェクトだった。

「AIやブロックチェーン技術」を国家戦略の柱に据えている中国。習近平国家主席は、2018年12月の改革開放40周年の記念式典でも次のように述べている。

「現在、我が国は世界一の製造大国になった。中核技術の自主開発を加速させ、経済社会の発展のために新しいエンジンを作り出す」

この流れのなかで、中国共産党はブロックチェーンを解説する本を2018年8月に出版しているが、その帯に習国家主席自身の次の言葉が書かれている。

「AI、そしてブロックチェーンなどの新技術は、国家の運命や国民の生活にかつてない影響をもたらしていく」

中国政府の後押しを受けてブロックチェーン技術の開発を進める鄧氏の動きは、中国のマスメディアもさかんに注目しており、その式典には多くの記者がやってきていた。私たちは、会見の後で鄧氏に質問を投げかけた。国家がどのようにブロックチェーンに取り組んでいるかを知りたかったからだ。その答えは、極めて力強いものだった。

「習近平国家主席もブロックチェーン技術に対して、非常に高い関心と支持の姿勢を示しています。ブロックチェーン技術は、AI技術とともに中国の根本的な戦略技術になりうるのです」

私たちは鄧氏に、今後の密着取材の依頼をしてみた。中国国家の動きと連動している鄧氏への取材は困難かと見えたが、コーディネーターの楊氏からの同社への強い働きかけによって、その突破口が開いていった。

太一クラウドが目指すのは、市民生活のあらゆる情報をブロックチェーンで管理するシステムを構築し、その技術を世界に輸出することだ。会社のプライベートビデオでも次のように謳っている。

「世界にブロックチェーンの情報インフラを普及させ、私たちは、世界各地におけるアイデアとイノベーションを発掘し、それらに価値を与え、人々の夢を実現するために行動します」

取材の際に鄧氏は、とても柔らかい物腰で、私たちを北京の本社に迎え入れてくれた。何度か食事も共にしたが、笑顔を絶やすことはない。経営者として、社員からの信頼も厚いようだ。

そうした鄧氏が目指しているのが、世界を股に掛けたブロックチェーンによる社会インフラの整備である。

「ブロックチェーン技術を活用すれば、非常に安いコストで世界各国に、社会や行政の公共サービスシステムを提供できます。さらに政府の関係機関や民間のトップ企業などと連携して、ブロックチェーンのインフラを構築することが必要だと考えています」

鄧氏は私たちに力を込めて語ってくれた。

ブロックチェーン技術の特徴は、セキュリティーの高さとともに、その情報基盤（プラットフォーム）を作るコストが大幅に抑えられることだ。例えばアフリカで新たな情報管理を始めるといった場合に、サーバーを用意してシステムを構築するには、莫大な初期費用がかかる。ブロックチェーンによって情報を管理することで、効率的な情報管理ができるというのだ。

鄧氏の戦略を取材していく中で、私たちは、アリババグループの国際送金サービスとは、別のブロックチェーンの大きな可能性を感じる動きに遭遇した。それは、新たな情報基盤としてのプラットフォーム作りにかかわる世界規模の競争でもあった。

ブロックチェーンを商品管理に運用

２０１８年１月、最先端の技術が投じられたスーパーが北京にオープンした。その名は、

「7 FRESH」。運営するのは、中国のネット通販大手、京東《ジンドン》だ。

店内に入って驚くのは、買い物客に付いていくように、自動カートが動いていることだ。「人が止まると、このカートも止まります」と店員が説明してくれた。

この店のこだわりは徹底した商品の鮮度管理。特に生鮮野菜は24時間を賞味期限としている。

私たちがこの店舗を訪ねたのは、２０１８年11月10日。アリババや京東などのネット通販大手が大キャンペーンを行う11月11日の「独身の日」を翌日に控え、日本人ジャーナリスト向けの店舗説明会が開かれたのだ。朱徳虎店長が食品の安全を消費者に対して保障する新たなシステムを案内してくれた。

この店では、商品に付けられたバーコードをスキャンすると、モニターに商品の産地や物流情報が瞬時に映し出される。商品１パックごとに加工センターへの到着時間や荷下ろし・加工・包装を行った時間、そして陳列時間まで詳細に表示されるのだ。

さらにカレイなど水産物に付けられたＱＲコードをスマホで読み取ると、いつ誰が運んだかまで分かる仕組みになっている。店員が１匹のカレイをすくいあげ、スマホの画面を説明してくれた。

「これが養殖業者。これが物流業者。ナンバープレートと運転手の名前まで書いてあります」

ここまで物流の詳細な情報を消費者に伝えるには理由がある。中国市場では、偽物の商品が大量に出回っていることがあるのだ。例えば陽澄《ようちょう》湖特産の上海ガニ。テレビ局CCTV（中国中央電子台）の特集で、これまでネットなどで販売される上海ガニの90％以上が偽物であるとされたことをきっかけに、大きな社会問題となっていた。

――ネット上の偽物の陽澄湖ガニは、一体どこから来たものなのか？　これらのカニは、陽澄湖に運ばれ、ここにある水槽で水を一回浴びると、陽澄湖ガニに変身しました――。

こうした不正を防ぐためにスーパーが取り入れたのがブロックチェーンだ。生産者や物流担当者が、商品のQRコードに情報を登録。情報は改ざんされることなく消費者に届けられる。

朱店長は「ブロックチェーン技術を使うことで、顧客は商品の品質に安心できます。販売量や売り上げが大幅に上昇するでしょう」と、力を込めた。価格こそ通常の商品より割高になるが、消費者の人気を集め、売り上げを伸ばしているという。

カレイを購入後、すぐ店内で調理してもらうサービスを利用していた男性は、「とてもおいしいです。安心です。生産地もわかりますし」と、出来上がった煮つけをほおばっていた。

京東は、これまでドローンや無人配送システムなどの先端技術を導入し、ネット通販事業の拡大を行ってきた。すでに500社以上の協力を得て、5万種類の商品をブロックチェーンで管理している。

生産現場もブロックチェーン

ブロックチェーンによって、物流だけでなく生産現場にも大きな変化が起きていた。貧しい農村地域を抱える河北省武邑《ぶゆう》県では、京東と地元政府が協同して、2年前から500世帯の鶏農家にブロックチェーン技術を使った生産管理を導入している。この方法を開発した技術者の白羽《はくう》氏は、「鶏処理工場に行くまで、ずっと一羽一羽の歩数が管理されます」という。

その仕組みはこうだ。鶏一羽一羽には、通信機能が付いた歩数計が取り付けられる。歩数計からは、4分ごとに歩数がデータセンターに送信される。鶏は、この養鶏場に運ばれた時から処理場に行くまでのすべてのデータが記録されており、100万歩以上歩いた時点で、ブランド鶏として出荷されるのだ。

しっかり動いた鶏であると保障されることで、付加価値をつけることが可能となっている。以前のおよそ3倍の価格で売れるようになり、貧困対策にも貢献しているという。養鶏場の管理人は「いま、養鶏場をどんどん拡大している。より多くの貧困に苦しむ農家に参加してもらうことで、農家の利益が増えると期待しています」と、目を輝かせて語っていた。

この現場では、ブロックチェーンによって、あらゆる情報が管理されている。農家は、どんな餌をいつ与えたかなど、あらゆる情報を入力しなければならない。もし不正があれば、養鶏に参加できなくなるなどの罰が加えられる。これは、情報の信頼性を高めるために、参加者の信頼が最も重要だということを表すものだ。

そして、飼育されている鶏の状況は、北京にある京東の本社でリアルタイムに管理されている。映像は消費者にも開示される。京東は、すべての鶏の歩数データと餌や天候といった膨大なデータを活用し、効率的な生産方法を追求している。

技術者の白羽氏は、こう予測する。

「将来は、ＡＩが自動で餌やりをしたり、健康状態を管理することもできるようになるでしょう」

一方で京東のブロックチェーン技術開発を統括する張偉氏は、世界に目を向ける。

「我が社独自のブロックチェーンである〝京東チェーン〟のプラットフォームを通じて海外へ進出し、我々の底力を見せたいと思います」

中国のブロックチェーン技術は、すでに、世界の覇権を見据えて動き出している。

中国に対抗するアメリカの戦略

アメリカの企業も、次々とブロックチェーンの実用化に乗り出している。２０１８年11月にシリコンバレーで開かれた、ブロックチェーンに関する展示会を取材した。そこではIT企業50社がブースを設け、最新技術について意見を交わしていた。会場で開かれた講演会では、ブロックチェーンが、グーグルやアマゾンなど、いわゆる「ＧＡＦＡ」の覇権を変える可能性が指摘されていた。

講演でそのことを熱く語っていたのが、情報技術雑誌「ワイヤード」の編集主任スコット・サーム氏だった。

「ブロックチェーンは、ＧＡＦＡの優位を切り崩す力を持っています」

インターネットでは、世界中の情報がグーグルやアマゾンなどのサーバーに集められ、巨額のビジネスにつながっている。巨大IT企業を擁するアメリカが、「情報覇権」を握ってきたのだ。

この展示会で注目を集めたのが、ブロックチェーンのプラットフォーム争いで先頭を走るIBM。世界規模で生鮮食品の追跡システムを構築し、すでに300万件以上の取引情報を管理している。会場で流れていたプライベートビデオでは、「店頭に並んだ食料品が、いつ、どこで生産されたのか、2・2秒で追跡できます」といった、ブロックチェーン技術のメリットが強調されていた。

IBMは、ウォルマートなどの世界的なスーパーチェーンと提携することで、自社のプラットフォームを拡大してきた。食品の追跡システムは、わずか1年半で30を超える国と地域に広がっている。

さらにIBMでは、偽物の混入を防ぐ最新の技術も開発していた。IBMのフェロー（最高技術職）、ドナ・ディレンバーガー氏が、最先端のブロックチェーン技術について説明してくれた。

それによれば、携帯に取り付けた光学センサーで、商品の画像データを詳細に解析。それをあらかじめブロックチェーンに記録しておいた商品データと照合することで、本物と偽物が区別できるようになるという。ドナ氏は、本物の薬と偽物の薬のデータの違いを丁寧に説明してくれた。光学センサーによって本物の薬をスキャンして取り込まれた画像の解析データと、偽物の薬をスキャンした画像の解析データは、明らかに違う。これらを比較して、瞬時に偽物の混入を発見するのだ。

ドナ氏は、ブロックチェーン技術には、まだまだその可能性が広がっていることを強調した。

「これはブロックチェーンの進化です。今後、私たちが考えつかない活用法が次々と出てくるでしょう。すでに多くの政府や企業が新たなアイデアで活用してくれています」

アメリカと中国、ブロックチェーンをめぐっても新たな情報基盤、プラットフォーム争いが始まっている。

3　米中、そして日本——ブロックチェーン最前線

日本企業にも迫られるブロックチェーン対応

米中の間で始まったプラットフォーム争いの波は、日本にも押し寄せていた。中国のネット通販大手京東は、日本の大手企業との提携を進めている。私たちは、2018年の暮れ、ある大手メーカーとの商談の取材を許された。

日本で新規事業の開発を担当している京東日本支社の郭季柔《かくきじゅう》氏は、この日大手コーヒーメーカーの味の素AGFと打合せをしていた。両社はそれに先立つ9月に戦略提携を締結。京東は日本製品の安全性を前面にPRし、同社の商品を中国国内で売り出していた。新たにネット通販のルートを確保したことで、AGFの中国市場での売り上げは9倍に急増していた。

この日の打合せでは、中国向けの新たな商品の企画が話し合われていた。中国では、欧米のコーヒーチェーンが進出するなど、需要が高まっている。味の素AGFの新領域開発

部、秋山武稔部長が切り出した。

「今、中国でもカフェ文化が非常にはやってきていると聞いていますので、中国のカフェ文化を代表するような味、例えば『北京スタイル』みたいな形で」

その提案に、郭氏も興味を示していた。

一方京東は、売り上げをさらに伸ばすためには、詳細な製造情報をブロックチェーンで中国の消費者に開示する必要があると見ていた。郭氏が秋山部長に尋ねる。

「食の安全性を誰もが気にしています。どこの原材料なのか？　その開示は可能ですか？」

それに対して秋山部長は、「原料の開示は、重要だと我々も思っております。どこのグリーンビーン（生豆）を使っているのか、積極的に開示できると思っています」と回答。

郭氏の質問がさらに続く。

「グリーンビーンのみですか？　カフェオレの場合ですと、牛乳の成分もあります。主要な材料も全部、開示は可能ですか？」

秋山部長は、消費者にとって必要な情報を精査する必要があると回答した。

「開示できるかできないかというと、すべてできます。ただ、そこにシステムを連結させるとなるとかなり大がかりな話で、ランニングコストも非常にかかってしまいます。どういう情報が本当に必要なのかしっかり絞り込んだうえで、開示する形がとっていけたらと考えています」

両社の間で、今後も検討を進めていくことになった。この打合せの後、郭氏は私たちのインタビューに答え、日本企業のさらなる積極的な参加を呼び掛けた。

「改ざんできないブロックチェーンを入れることで、より信頼性が高い物流情報を提供することができます。日本の企業にたくさん参加していただけたら、もっと日本のものづくりの精神を伝えられると思います」

巨大な中国市場への対応を求められる日本企業。独自に培ってきた生産管理の情報をどこまで開示するべきなのか、生産現場では議論が始まっている。

京東の意向を受けて、秋山部長とＡＧＦ鈴鹿の塚本祐司社長は新たな模索を始めていた。

「例えばベトナム、またはラオスであれば、『ラオスでもこういった農園の豆を使っていますよ』といった情報が商品のロットごとに見えることで、非常に安心・安全につながると思います。それでもかなり難易度は高いと思います」（秋山部長）

「今後は単に数字だけでなく映像的なものも含め、お客様に正しく、わかりやすく伝わる

情報を提供していかなければならないと思う」（塚本社長）
取材の最後に、秋山部長がブロックチェーンとの将来の関わりについて考えを聞かせてくれた。
「おいしさばかりではなく、安心・安全の取り組みを我々が積極的に情報提供して、当社の商品のコアなファンになっていただくことで、商機が大きく広がると捉えています」

中国で進む情報基盤構想

太一クラウドの鄧迪CEOは、中国政府の後押しを受けてブロックチェーンの開発に向き合う。システムの中核となるのが、中国の政府機関が管理する個人情報とひもづいた携帯アプリだ。甘国華《かんこっか》副社長が、実際のアプリを元に説明してくれた。

「借金の契約は、ブロックチェーンで記録されます」

そういって見せてくれた画面には、債権者、債務者、貸付期間、利息など、詳細な契約条項が表示されていた。アプリでは、改ざんされないブロックチェーンの特性を活かして、借金などの契約を結ぶことができるという。さらに、住宅の賃貸契約、副業契約、業務提携契約、贈与契約、保管契約など、あらゆる契約を公文書として登録できる。当局の個人情報と結び付けることで、膨大なデータベースを構築しようとしているのだ。

太一クラウドは、集積される個人情報は守られ、当局に不当に流出することはないと断言する。

「この技術が普及すれば、国が個人情報を簡単に調べられませんか」

そうコーディネーターの楊氏が質問したところ、甘副社長は強く否定した。

「技術的には可能ですが、法律では駄目ですね。これらのデータは、国の定める法律の規定に従って利用しなければなりません」

さらに同社は、携帯アプリと連動する新たな都市の建設計画にも関わっている。住民の様々な生活情報をブロックチェーンに蓄積するスマートシティー計画だ。広東省恵州でその動きが急がれていた。鄧氏が無人コンビニを案内してくれた。

「この場所に立って顔を認識したら、中へ入ることができます」

そう聞かされながら店内に入ると、店員は一人もいない。鄧氏は商品を買い物かごに入れセルフレジへと向かう。この無人コンビニでは、顔認証技術と携帯アプリが連動しているという。再び鄧氏が説明してくれた。

「ブロックチェーンの役割は、顔認証のデータを送信し記録することです」

消費者は、キャッシュレスで買い物ができ、すべての情報が自動的にブロックチェーンに記録されていく。太一クラウドのアプリは、アメリカと対立するファーウェイとも連動していた。

「我々のシステムは、ファーウェイのスマホと完全に連携しているので、スマホをここに置くだけで支払いが完了します」

鄧氏は、こうした中国発の情報インフラを世界に輸出していこうと考えている。

「我々の身元確認アプリが、スマートシティーや高度に情報化した職場などを支えるインフラとなります。ブロックチェーンによって、より高度に社会を統治することができるようになるのです。あらゆる情報が安全、かつ自動的に管理できます」

日本にできることとは?

鄧氏は、都内を中心に日本の支社の開設も急いでいる。

2018年11月。鄧氏は日本のブロックチェーン業者と共に、日中ブロックチェーン協会を設立した。代表に就いた浜田和幸理事長が次のように力説する。

「医療・インフラ・物流・健康・教育……。社会のあらゆる仕組みを変えていく。そういったブロックチェーンを、日本と中国でどうやって協力して実現するか」

鄧氏も、日本に大きな期待を寄せた。

「日本には、多くのブロックチェーン技術者がいる。中国と日本はブロックチェーンの交流と発展のために、互いに取り入れられることが多くあります」

日本にも、ブロックチェーンを研究・開発する企業がいくつもある。私たちはそうした企業にも取材を進め、展示会に何度も足を運んだ。ブロックチェーンは、改ざんできないセキュリティーの高さが特徴だ。もとより日本のセキュリティー技術は、世界においても遅れをとっていない。そのセキュリティーの確保とともに、ブロックチェーン技術を、今後どのように応用していくか？

日本がこれから、ブロックチェーン関連の競争を戦っていくには、その知恵が求められると感じる。それには、初期の投資も必要となるだろう。国を挙げた支援体制も含め、ブロックチェーンの開発を、本気になって後押しする社会の整備も求められる。

一方アメリカは、中国のブロックチェーン技術の動きを警戒し始めている。私たちは、国防総省で情報分析官をしていたスティーブ・アーリック氏にニューヨークで会った。アーリック氏は、中国の情報インフラが広がれば、市民への監視が強まりかねないと見ている。

「中国の政府や企業が、ブロックチェーンを使って監視システムを向上させるようなことがあれば、大変な事態になります。プライバシーをどう守るかは、慎重に議論されなければなりません。ブロックチェーンに登録された個人情報は、理論上、永久に残るからです」

ハイテク覇権をめぐる米中の攻防は、ますます加速している。

第5章
「一帯一路」に集結する新興国
——世界はどうなる？　激化する「新冷戦」

1　基軸通貨・ドルを倒せ！

米中貿易戦争の裏で中国が狙う新興国

互いに高い関税をかけ合う〝貿易戦争〟を表舞台で繰り広げる一方、先端技術をめぐって水面下で攻防を続けるアメリカと中国。

２０１８年11月、トランプ政権は中国福建省の半導体メーカーに対し、アメリカからの部品の輸出などを制限する措置に踏み切ると、さらにその半導体メーカーで働いていたアメリカ人技術者の引き上げを行った。高性能の半導体を作る技術をアメリカに頼ってきた中国は、その弱点をつかれた格好となった。

ある中国の半導体技術者は、匿名を条件に取材に応じ、「高い技術力なしには製品を作れない。（半導体技術では）中国のレベルはまだ低いのです」と明かした。

ブロックチェーンやAIといったハイテク技術では、中国は今や世界トップレベルと言っていいが、半導体においてはアメリカの技術に頼っているという現実があるのだ。貿易戦争が長引く中で、2018年暮れから2019年にかけて中国経済は減速。中国政府は経済成長率の目標を下方修正することとなる。

景気減速の中で中国が急いでいるのが、巨大経済圏「一帯一路」の構築だ。アジアやアフリカなど、アメリカが開拓しきれていない新興国へと市場を拡大しようとしているのだ。

この一帯一路構想において、大きな役割を担うとされる人物がいる。2018年12月の改革開放40周年記念において、中国政府から経済発展に多大な貢献をしたとして表彰された、アリババグループのジャック・マー会長だ。

第4章で伝えたとおり、香港―フィリピン間の国際送金サービスも、新興国の経済発展を進めるマー会長の戦略だ。アリババは、毎年11月11日（中国で言われる「独身の日」）に大規模セールを行い、ネット通販における自社の勢いを世界に誇示している。

私たちが取材した2018年のその日。アリババの特設会場には、セール開始早々にこんなアナウンスが響いた。

「わずか2分5秒で、100億人民元（約1600億円）を突破しました」

この日1日のアリババの総売り上げは、2135億元（約3兆5000億円）に及んだと発表された。

いまネット通販の世界で注目を集めるのは、東南アジアの新興国の消費の勢いだ。アリババグループのラザダを通じたフィリピン、ベトナム、マレーシア、タイなどの消費の拡大は、想像を超えた状況を呈している。アリババは、ブロックチェーン技術を糸口とした国際送金サービスなどにネット通販を組み合わせることで、巨大な経済ネットワークを中国国外にまで広げ始めようとしているのだ。

ブロックチェーン技術によって、巨大なインフラを構築しなくても、スマホさえあれば送金も買い物もできる時代が到来している。たとえ新興国でも、スマホが利用できる通信環境さえあれば、人々は便利さを享受できるようになったのだ。

〝新たな金融ネットワーク〟でドルの覇権に風穴を

一帯一路構想の尖兵ともいえる存在はアリババだけではない。前章に登場したブロックチェーンによる情報インフラを構築している太一クラウドも、中国当局と連携して一帯一路に向けた動きを加速させていた。同社ＣＥＯの鄧迪氏を北京本社に訪ねたときのことである。鄧氏はオフィスに掲げられた各国要人との写真を紹介しながら「この写真は、ミャンマー副大統領と私が、両国の提携フォーラムで会談した時の写真です」などと、新興国とのつながりの深さを一つ一つ語っていたのが印象的だった。

中国政府の後押しを受けて、アジアや中東の首脳と会談を重ねる鄧氏。彼は今まさに、中国で開発を進める独自の金融サービスを海外に売り込んでいるのだ。

同社が推し進めているのは、ブロックチェーンを使って中国と周辺国を結ぶ〝新たな金融ネットワーク〟だ。

太一クラウドグループの鄶冬《かいとう》氏は、現在カザフスタン向けに、ブロックチェーンを利用したＡＴＭの開発を行っている。開発を担当する技術者は、ブロックチェーン技術に精通した精鋭たちだ。見た目は普通のＡＴＭとあまり変わりはないのだが、彼らはこれを「ＢＴＭ」と呼んでいる。「ブロックチェーン」のＢだ。端末を開発する目的を鄶氏が教えてくれた。

「この端末を使えば、誰でも簡単に国際送金ができます。ブロックチェーンを利用することで、数分後には国外の相手の口座に振り込まれるのです」

鄶氏はこれまでにない画期的な国際送金の手段だと説明した上で、「アメリカも独自の決済システムを広げているので、それと競っています」と、開発を急ぐ考えを示した。

この中国が進めている新たな金融ネットワークの目的は、アメリカが長年握ってきたドルによる金融覇権に風穴を開けることだ。いまドルは基軸通貨として世界に流通し、貿易のおよそ5割はドルで行われている。他の国同士で行われたドルによる取り引きもアメリカの金融機関を経由するから、それらの情報はアメリカに集まることとなる。結果的にアメリカは、テロ組織や国際ルールを守らない国を含めた、あらゆる資金の流れを把握することができているのだ。

鄧氏は私たちの取材に対し、「アメリカの金融覇権と軍事覇権はドルによって支えられてきました。加えてアメリカはインターネットによる覇権も握って強くなりました。しかしブロックチェーン技術を使えば、アメリカの金融覇権に大きな衝撃を与えられます」と、アメリカを意識した開発であることを示した。

「一帯一路」を加速させるブロックチェーン

金融ネットワークの構築に向けて鄧氏が積極的な動きを見せていたのが、中央アジアのカザフスタンだ。まずは、一帯一路における西への玄関口に当たるカザフスタンにブロックチェーンを普及させようと考えているのだ。

2018年12月末、私たちはカザフスタンでの鄧氏の商談に同行することが許された。先に現地に入った私たちは、空港で鄧氏の到着を待った。想像を超える寒さだった。

到着した鄧氏は「カザフスタンは、一帯一路の戦略上、重要な国です。中国とは互いの強みを活かせる関係です」と、この国に力を入れる理由を語った。

それ以前よりカザフスタンでは中国資本による開発が進み、中国との結び付きが強まっていた。市内の建設現場では、中国人の出稼ぎ労働者が働く姿もよく目についた。

到着の翌日、鄧氏は、中国との貿易を進めている現地の大手開発業者でCEOを務める、サウランバイエフ・イエラリ氏と会合をもった。今、新たなホテルの建設などを進めているという。鄧氏は、中国から輸入する資材の取り引きをブロックチェーンで行わないかと持ちかけていた。「ブロックチェーンは大きく成長すると確信しています。利益も十分得られるでしょう」とアピールする鄧氏。

それに対してサウランバイエフCEOも強く関心を示し、「今いちばん頭を悩ませているのが通貨の問題です。アメリカドルのせいで、みんな問題を抱えていますから。ブロックチェーンでつながれば、中国との間でこれまでにない形で取り引きできるようになります。実現すれば一帯一路のプロジェクトを加速させていくでしょう」と、ドルを介さない取り引きに注目していた。

ブロックチェーンによる新たな金融ネットワークが構築されれば、新興国にとって大きな経済改革が起きる——そう期待されているのだ。商談後に行われた記念撮影で、鄧氏とサウランバイエフ氏の二人は肩を抱き合い、そして固い握手を交わしていた。

背景に新興国のドルへの不満

カザフスタンの不満の背景にあるのは、主力の輸出品である原油がドルで取り引きされていることだ。資源国であるカザフスタンの経済は、これまでドルの変動に翻弄されてきたのだ。カザフスタンにやってきた鄧氏のもとには、ドルに不満を持つ業者からの商談が次々と舞い込んでいた。

同じ日の夜、太一クラウドのカザフスタンにあるオフィスにある資源開発業者がやってきた。主に東ヨーロッパに原油などを輸出しているという、ラーヒム・ガリモビッチ氏だ。ガリモビッチ氏が鄧氏に出してきた提案は、驚くものばかりだった。

「ポーランドに、あなたのために7階建てのビルを用意しましたよ」

そう言ってポーランドに貿易の拠点を作ろうと持ちかけ、さらに「ポーランド政府は、ブロックチェーンのプロジェクトに年間40億円を支援してくれるだろう。私が保証しますよ。ポーランドの大統領が味方だ」とまで言うのだ。

鄧氏は、この提案に対して慎重に耳を傾けていた。金融覇権をも揺るがそうとするブロックチェーン技術に関心を示す新興国の人々は、増え続けている。

カザフスタンを離れる直前にインタビューの時間を設けてくれた鄧氏は、こう語った。

「新興国は資源を持っていますが、金融を握られているために、資産を活かすことができていません。これは一帯一路に参加する国々がみな抱えている普遍的な問題です。金融は人々を奴隷とする手段となってはいけないのです」

中国政府の後押しを受けて、ブロックチェーンの普及を推し進める鄧氏。2018年11月には、中国の金融団体からその貢献を称えられていた。鄧氏は力を込めてこう語る。

「私は優れた秩序の推進者になりたいと考えています。ブロックチェーンで新たな金融秩序を構築すれば必ず以前の秩序よりずっとよくなると思います」

いま中国は、これまでアメリカが握ってきた金融覇権を確かに揺るがそうとしている。ブロックチェーン技術は、どこまで世界のあり方を変えるのか？　その開発スピードは、さらに加速している。

中国のプラットフォームに日本企業もこぞって参加

2019年2月、東京都内である会合が行われていた。

「中国流で〝カンペイ!〟」

乾杯の音頭をとっていたのは、前出・京東の日本支社で代表を務める荒井伸二氏だ。いま京東は、ブロックチェーンを活用して日本の農水産物の輸出拡大を進めるプロジェクトの中核を担っている。農林水産省も推進する産学連携プロジェクトだ。

先立って行われたシンポジウムで、荒井代表は「課題は（ブロックチェーンによる）トレーサビリティー（食品の追跡管理）だ。ただ『日本ブランドですよ』というだけでは、もう一歩踏み込めないんじゃないか」と話した。農林水産省国際地域課の本部浩司国際専門官も「輸出できるアイテムを一つでも増やしていくのが、我々に課せられた課題・使命だと思っています」と、プロジェクトを後押しする。

この日は、ある牡蠣の販売会社が中国のプラットフォームを使って輸出販売を行っていきたいと新たに申し入れてきた。そのジーオー・ファームの鷲足恭子取締役は、国内で養殖した牡蠣《かき》を沖縄を拠点に中国に販売していきたいという希望を持っている。

「国際物流拠点を活用して、大連へ何とか輸出をしたい」

そう意気込みを伝えた鷲足氏。それを受けて京東日本支社のビジネス開発ディレクターである張雲澤氏も「牡蠣は新鮮が命ですからね。我々の技術をぜひ利用していただきたいですね」と、商談は和やかな雰囲気で進んでいた。

中国のプラットフォーム参入に意欲を見せる日本企業は、増え続けている。

2 〝対立の時代〟の先に何があるのか〜イアン・ブレマー氏インタビュー

アメリカ、中国、フィリピン、カザフスタン、日本など、世界各地でハイテク覇権の攻防を追った私たちが、一連の取材の最終盤にインタビューしたのが、アメリカの国際政治学者イアン・ブレマー氏だった。

ブレマー氏は、超大国アメリカの影響力が低下したリーダー不在の国際秩序を「Gゼロ」と名付けたことで世界的に知られ、ＡＩなど先端技術の分野で米中が対決姿勢を強めることを早くから予見した、国際的なリスク分析の専門家である。最近では、米中のハイテク覇権争いを「新冷戦」または「ＡＩ冷戦」と呼び、その動向が今後の世界を大きく左右することになる、と指摘して注目を集めている。

アメリカと中国の新たな対立の時代をどう読み解けばよいのか？　対立の時代の先にいったい何が待っているのか？　そして、両国の間で日本はどのように未来を切り開いていけばよいのか？　そうした問いを胸に、ブレマー氏と向き合った。

世界は分断され、グローバリゼーションの時代は終わる

――あなたが「新冷戦」、または「ＡＩ冷戦」と呼ぶ米中の対立には、どのような特徴があるのでしょうか。また、この対立は世界に何をもたらすのでしょうか？

ブレマー氏　この新たな冷戦は、アメリカが世界的な技術基準を主導する時代が終わろうとしていることを意味しています。例えば、インターネットはアメリカが世界をリードしてきた技術でグローバルなものでしたが、状況は急速に変わりつつあります。先端技術をめぐって、世界は今、二つに分裂しつつあるのです。これからは、中国やその影響下にある企業が率いる世界と、アメリカやその同盟国が率いる世界に分断されていくでしょう。

ＡＩをめぐる戦いは、まさにこのケースに当てはまります。マイクロソフト、フェイスブック、アマゾン、グーグルのようなアメリカ企業に対し、中国にはテンセントやアリババといった企業があります。さらに、より短期的には次世代の通信規格「５Ｇ」の問題があります。１世代前の「４Ｇ」では、世界的な方式は一つだけでしたが、５Ｇではそうはいかないでしょう。ファーウェイが先頭に立つ中国主導のシステムになり、アメリカがそのシステムに参加しない可能性があります。

経済の効率性から考えれば、これは明らかに良くない状況です。また、世界中の国々がアメリカと中国のどちらかを選択しなければならないことを意味しています。非常に大きな問題です。過去半世紀を振り返ると、グローバリゼーションは膨大な富を生み出し、それによって何億もの人々が貧困から抜け出すことができました。なぜなら、すべての人が単一のシステムに参加していたからです。しかし今、先端技術の分野で世界は分断され、二つのシステムが作られようとしています。まさに、グローバリゼーションの時代が終わることを意味しているのです。

ハイテク覇権を握るのは中国か、アメリカか？

――先端技術におけるアメリカの覇権は終わるのでしょうか？

ブレマー氏　先端技術の分野においては、そう言えると思います。アメリカは世界で唯一の超大国ですが、先端技術をめぐっては、現在、アメリカと中国という二つの超大国が存在しています。中国はこの5年間で、音声認識や顔認識といった特定の分野におけるハイテク超大国に成長しました。これらの技術ではすでに中国がアメリカを上回っています。

中国が急成長する主な要因は、中国の国民がおよそ14億人もいることにあります。そのため中国はより多くのデータを持つことができ、データを活用する企業により多くの資金を投じることができるのです。

――最終的に中国が競争に勝ち、アメリカが負ける可能性はあるのでしょうか？

ブレマー氏　私にはわかりません。本当にわかりません。この点を考えるにあたり、ポイントは二つあります。まず、アメリカや中国が今後崩壊する可能性があるかどうかという点です。私は、この先20年から30年はアメリカも中国も崩壊しないと考えますが、一方で、アメリカが崩壊する可能性よりも中国が崩壊する可能性のほうが高いと思います。権威主義体制では、一人の人物に依存する傾向がしだいに強まるからです。

習近平国家主席はトップの座に長い期間とどまりますが、そこに大きなリスクが潜んでいます。この制度は容易に崩壊し得るのです。崩壊する可能性が10％か、20％かは私にはわかりませんが、「究極的にアメリカと中国のどちらが勝利するか」を予測する際にはこの点を考慮しなければなりません。

第2のポイントは「各国がハイテクやＡＩを何に利用するか」という点です。例えば、ＡＩを核兵器の製造や宇宙開発競争に利用するとしましょう。誰が月に一番早く到達するか、という競争で勝つには、科学者やコンピューターの能力に膨大な資金を投入できる大きな政府が必要です。ＡＩに関することがそれだけならば、勝者は中国になるでしょう。

「日本は困難な選択を迫られる」と語るイアン・ブレマー氏

しかしＡＩが、予想もできないような技術的打開策を数多くもたらすものになるならば、ディープラーニングや次世代のより進化したチップの製造、量子計算、人間の脳のリバース・エンジニアリング、遺伝子工学など様々な分野に可能性が見いだせるのではないでしょうか。

率直に言うと、中国の人々はこれらの分野でアメリカ人のように起業家になることはできません。ですから、今後20年間でＡＩがそのようなものになるとすれば……私にはまだわかりませんが、アメリカが勝者になるのではないでしょうか。しかし私たちは、この問いに対する答えをまだ知らずにいるのです。

ハイテク覇権争いが「世界を揺るがすリスク」になる

私たちがブレマー氏をインタビューしたのは、２０１９年1月8日。ブレマー氏が率いる調査会社のユーラシア・グループが、「今年の10大リスク」を発表した翌日だった。毎年1月はじめに世界が直面する様々な地政学的リスクを予測し、警鐘を鳴らしてきたブレマー氏だが、今回指摘した「今年の10大リスク」は以下の内容だった。

① 「悪い種」
② 「米中関係」
③ 「激化するサイバー戦争」
④ 「ヨーロッパのポピュリズム」
⑤ 「アメリカの内憂」
⑥ 「イノベーション冬の時代」

⑦「非有志連合」　⑧「メキシコ」
⑨「ウクライナ」　⑩「ナイジェリア」

ご覧のとおり、②「米中関係」、③「激化するサイバー戦争」、⑥「イノベーション冬の時代」と、米中のハイテク覇権争いに関連する問題が、世界の10大リスクのうち、実に三つを占めている。ここからも、ブレマー氏の懸念の大きさが伝わってくる。さらにブレマー氏は、「悪い種」という問題が、ハイテク覇権争いのリスクを今後さらに増幅させていくだろう、とインタビューで指摘した。

「悪い種」がハイテク覇権争いのリスクを増幅させる

ブレマー氏　最も重大なリスクは「悪い種」、つまり「世界に次なる危機が訪れた時にそれに対応する能力の欠如」という問題です。米中関係であれ、米ロ関係であれ、米欧関係であれ、中東もしくはヨーロッパ域内であれ、国家間のあらゆる関係が弱まり、体制が弱体化しつつあります。

今のところ、次の危機がどのようなものになるのか、私にはわかりません。サイバー攻撃か、テロか、あるいは景気の低迷か……私にわかっているのは、危機に対処する能力が劇的に落ちていること、その結果として次の危機ははるかに深刻なものになるだろうということです。この状態は日々悪化しており、２０１９年を通して悪化の一途をたどるでしょう。私たちは現在の体制をいかにして守るか、その方法を考えるべきだと思います。

――この問題でカギを握るトランプ大統領の外交政策をどう見ますか？

ブレマー氏　私は、トランプ大統領は国外ではなく国内でより積極的に問題を起こそうとしていると思います。彼は外交をあまり理解していません。多国間の同盟などを好んでいないのは確かです。そうした仕組みによって、自らの力がそがれている、と考えているのです。

トランプ大統領の声明やツイートはこれまで、「噛み付く」ことよりも「吠える」ことのほうがはるかに多かったように思います。ＮＡＦＴＡ（北米自由貿易協定）であれ、何であれ、彼は破壊しようとするし、撤退もするでしょう。しかし、結局のところ、従来と何ら変わらない取引をしてきました。彼はヨーロッパ勢を厳しく攻撃しましたが、現時点では関税引き上げを凍結しています。ですから、実際のところトランプ大統領は国際的には人々が予想したほど大きな問題は起こしていない、と私は考えています。

むしろ問題は、国際社会の中でアメリカの影響力がかなり低下しつつあり、ほかの国々がこの状況を利用していることです。すなわち、これまでよりはるかに大きな無秩序が生じている原因は、トランプ大統領の指導力の欠如にあるのです。

米中関係は今後どうなっていくのか

——この先、米中関係はどこまで深刻なものになると考えますか？

ブレマー氏　米中関係の深刻化は、それほど緊急性が高い問題ではないと考えます。なぜならば、トランプ大統領は習近平国家主席を、ある意味で北朝鮮のキム・ジョンウン委員長と同じように扱っているからです。トランプ大統領が習主席のことを悪く言うことは決してありません。彼は「習主席は扱いにくい大物であり、自分だけがうまく扱える」と認識しているのです。ですから、トランプ大統領は首脳会談が行われるたびに「非常にうまく行っている。交渉は前進している」と言うわけです。つまりトランプ大統領は、対中関係で進展が見込める、とアピールしたいわけです。

その一方で、中国はアメリカに対してますます競争を挑むようになっています。ＡＩや５Ｇといった先端技術をめぐる戦いです。習近平主席は、一国行動主義を強め戦略性に欠けているトランプ政権につけ込んでいるのです。ですから、米中関係は全体的に悪化していくことになるでしょう。

「米中の対立は急激には深刻化しないものの、先端技術をめぐる中国の戦略などが原因となって今後関係が悪化することは避けられない」と分析するブレマー氏。それでは、米中双方との関係が、経済や安全保障など様々な意味で国家としての生命線となっている日本は、両国のはざまでどのような選択をすべきなのか。インタビューの最後、私たちはブレマー氏に日本の針路について考えを聞いた。

米中のはざまで日本は困難な選択を迫られる

——日本は、例えば5Gの分野ではアメリカ政府からファーウェイの製品を使わないように求められています。その一方で、日本と中国の間では企業進出が進み、経済的なつながりが深まっています。日本は、アメリカと中国のどちらを選ぶべきだと考えますか。

ブレマー氏　日本は今後、アメリカのほかの同盟国よりも中国の影響を大きく受けることになります。日本経済の現状、そして日本の地理的条件から考えてもこれは明白です。ですから、日本の産業界は中国とのビジネスを盛んにしていくことに熱心になっています。

しかし、ファーウェイの問題は別です。5Gの分野では、日本に選択の余地はあまりありません。日本企業は究極的に、アメリカやヨーロッパ、カナダ、そしてオーストラリアの企業と一緒にやっていくことになるでしょう。なぜなら、そこにはオープンで、法律によって守られたシステムがあるからです。

――日本は今後、アメリカと中国のどちらの側につくか、選択を迫られるケースが多くなると思いますか?

ブレマー氏　間違いなくそうなると思います。日本にとって、これは大きな課題です。日本としては、米中のどちらかを選択したくはないでしょう。日本はアメリカと軍事的な関係を維持したいと考えており、その一方で、経済的には中国との取引を一層増やしたいと考えています。米中のどちらにつくか、という選択を迫られた時、また中国がさらに力を付けて世界が二つに分裂し始めた時、日本の立場は気まずいものになるでしょう。

この点に関しては、疑問の余地はありません。日本は難しい状況に直面することになります。習近平国家主席が持つ力とその意図ゆえに、日本は困難な状況に追い込まれ、トランプ大統領の移り気で予測不能の行動のために、さらに困難な状況に追い込まれることになると思います。

「対立の時代」をどう乗り越えるのか

――最後の質問です。この対立の時代を、日本は、そしてアメリカはどうすれば乗り越えられるのでしょうか。よい方法があればお聞かせ下さい。

ブレマー氏　私は、西側諸国がそれぞれの国ならではの知識や技能を活用する必要があると考えています。まず、起業家精神という点で言えば、アメリカが間違いなく世界一です。西側諸国の間では、アメリカは先端技術を開発する最高の企業を有しています。この状況は今後すぐには変わらないでしょう。

ヨーロッパの国々には強力な行政権限があります。一つの共通した市場があり、この市場は世界最大で強大な力を持っています。また、ヨーロッパの国々には極めて能力の高い役人がおり、国民はプライバシーを大切にします。その結果、彼らは技術に関する規制をとても効率的に考えることができるのです。

一方、日本は先端技術を最も歓迎して受け入れています。なぜでしょうか？　日本の人口が減少しているからです。日本にはＡＩや自動化などの分野で、新たな技術に取って代わられてしまうだけの労働力がないのです。結果的に、日本は先端技術の試験や検証を行う上で最高の場となっています。

ですからアメリカ、ヨーロッパ、日本は力を合わせて、それぞれが最高のものを引き出すべきです。それが実現できれば、自国だけで先端技術の開発を行っている中国は究極的に取り残されることになるでしょう。その意味で、TPP（環太平洋パートナーシップ）は非常に優れたアイデアでした。開かれた貿易協定の下でアメリカ、カナダ、ヨーロッパ、日本がまとまることができれば、中国はそこに加わることを望むはずです。しかし、アメリカがTPPから撤退したことで、日本の力は弱まり、中国の力が強くなりました。先端技術の分野では、TPPの失敗を繰り返してはいけません。関係国がともに取り組むことが求められているのです。

＊　＊　＊

インタビューの最後で、新たな対立の時代を克服していくための知見を語ってくれたブレマー氏。「カギは中国を排除することではなく、むしろ関係国が連携を深めることで中国を引き寄せることにある」と強調した。

その一方で、ブレマー氏の言葉の端々からは、今こそ世界をリードすることが求められるアメリカのトップが、トランプ大統領という特異なリーダーであるがゆえに、対応がますます難しいものになっていることへの憂いが伝わってきた。

　ブレマー氏が指摘した「悪い種」は今、世界のあちこちで増殖し続けている。自国第一主義を突き進むトランプ大統領のアメリカ。イギリスのＥＵ離脱に向けた動きや膨張するナショナリズムに苦悩するヨーロッパ。戦後の世界秩序を担ってきた国際機関は影響力の低下が軒並み指摘され、様々な要因から生じた隙間に、台頭する中国が浸透し、存在感を増している。そして、次世代の通信規格「５Ｇ」の問題一つを取ってみても、ファーウェイ製品の排除を求めるアメリカと、ヨーロッパの国々の間では必ずしも足並みが揃っていないのが現状だ。

　世界が分裂への兆しを見せる中で、どうすれば関係各国が連携し、中国を取り込んだ「新たな秩序の時代」を築いていくことができるのか。その時、日本はどのような役割を果たせるのか。困難な時代の先を見据えた戦略的思考が今ほど求められる時はない、と感じずにはおれない。

終章 米中対立の間で迫られる日本の選択

米中対立が浮き彫りになり、我々日本はどう立ち振る舞うのか。ブレマー氏は「日本は難しい立場になる」と警鐘を鳴らす。日本は戦後、アメリカとの間で政治・経済両面で関係を深めてきたのは言うまでもない。一方、中国とは政治的な関係悪化をたびたび経験しながらも「政冷経熱」の言葉に象徴されるように、隣国として経済的には結びつきを強めてきた。

2018年の日本の輸出総額を財務省「貿易統計」で見ると、アメリカ向けが15兆4702億円、中国向けが15兆8977億円と、日本経済にとってもはやどちらの国も欠かせない存在になっていることがわかる。

トヨタで見るアメリカと中国

米中それぞれとの関係が深い象徴的な日本の産業が自動車産業だ。特に、業界を代表するトヨタ自動車を見るとそれがよくわかる。

まず、トヨタにとってアメリカは世界で最も重要な市場だ。トヨタが2018年の1年間にアメリカで販売した車は242万台。日本での156万台、中国での148万台を大きく引き離している。1980年代に現地での乗用車生産を開始して以降、政府や地元自治体との関係も深めてきた。

最近も、アメリカという国家と市場がトヨタにとってどれほど大きなものかを物語る出来事があった。トランプ大統領をめぐる対応だ。トランプ氏は2016年の選挙期間中から、自動車産業のメキシコ依存を批判していた。アメリカ国内の工場を人件費の安いメキシコに移す戦略がアメリカの雇用を奪っているという主張だ。

大統領の正式就任を控えていた2017年の年明け。1月5日に東京で開かれた経済3団体の新年祝賀パーティーでトヨタの豊田章男社長が報道陣に囲まれた。豊田社長は、当時建設を始めたばかりのメキシコの乗用車工場の対応を問われたのに対して「工場建設はひとたび決めた以上は雇用と地域への責任がある。粘り強くやる」と述べ、メキシコでの工場建設を見直す予定はないという考えを示した。

すると、直後にこの発言を耳にしたトランプ氏が「とんでもないことだ。アメリカ国内に工場を作らないのならば、高い関税を払うべきだ」とツイッターに投稿。この名指しの批判にトヨタの経営陣は大きく動揺した。「主力市場のアメリカでのイメージダウンは何としても避けなければいけない」「日本からの輸出車に高関税を課されるのではないか」。緊迫した声が聞かれた。

その後のトヨタの対応はすばやかった。4日後、豊田社長はアメリカのデトロイトモーターショーに現れ、アメリカで今後5年間に100億ドルの投資を計画していると表明するなど、経済貢献のアピールを繰り返した。そして、極めつきはこの年の8月。トヨタはマツダと共同でアメリカに新工場を建設し、4000人の雇用を創出すると発表したのだ。

豊田社長は記者会見の場でアメリカ政府への配慮という見方を否定したが、この発表に対してトランプ大統領はツイッターに「アメリカの製造業への大きな投資だ」と投稿。新工場の建設を評価した。アメリカの新車販売市場はすでに頭打ちになる中で、新しい工場の建設を表明したことは、トヨタがどれだけアメリカを重視しているのかがよくわかるエピソードだ。

また、トヨタは2019年1月、ラスベガスで開かれた世界最大規模のテクノロジーの見本市「CES」で、自動運転の新型の走行試験車を披露した。ステージに登壇したのはギル・プラット氏。この人物、もともとはアメリカ国防総省の研究機関「DARPA＝国防高等研究計画局」に勤めていたAI・ロボット研究の権威。3年前にトヨタが設立したシリコンバレーの研究拠点のトップに抜てきされた。

さらに4月、トヨタは、自動運転車の安全基準をつくるとして、アメリカのGMとフォード、それに「自動車技術者協会」と連携して、走行データの共有などを行うと発表した。トヨタは、今後の競争の要となる自動運転分野でアメリカとの距離を縮めている。

その一方で、トヨタは中国との関わりも強めている。２０１８年5月11日、日本での日中首脳会談後、中国の李克強首相が苫小牧市にあるトヨタ北海道の工場にやってきた。李首相のアテンドは豊田社長自ら担い、開発中の箱型の自動運転車「ｅ－Ｐａｌｅｔｔｅ」のコンセプトや技術をていねいに説明していた。なぜ李首相を工場に招いたのか。会談後に豊田社長が語った言葉にその狙いが隠れていた。

「中国のこの大市場と成長のスピードにはついていくだけで精一杯だが、それにどれだけついていけるか、先方から選ばれる会社になっていくか、選ばれる技術をよりタイムリーに出していけるかという勝負になっていくと思います」

トヨタは中国への本格進出が２０００年以降と、アメリカに比べると中国とは距離をとっていた印象があった。ある社内関係者は「中国であまり出過ぎると当局に目をつけられやすい」と語っていた。ところが、２０１８年に入った頃から中国市場での販売強化を打ち出し始めた。その戦略に踏み切った背景にあるのが、世界で最も車が売れる市場の魅力だ。

中国の全体の自動車市場は10年前の２００９年にアメリカを追い抜き、２０１８年はアメリカ１７２０万台、中国２８００万台と、その差はおよそ１０００万台にも開いている。経済成長の減速で28年ぶりの前年割れになったことがクローズアップされたが、自動車メーカーにとっては、この巨大な市場でシェアを獲得できるかが勝負の分かれ目になっている。

実際、それは販売台数のランキングに表れている。２０１７年、トヨタは新車販売で世界3位に後退した。1位はドイツのフォルクスワーゲンで１０７４万台、2位には日産・ルノー・三菱自動車の連合が１０６０万台と躍進。トヨタは１０３８万台にとどまった。

わずかな差ともいえるが、２０１２年から4年連続で首位をキープしていたトヨタの3位転落は衝撃だった。この差を生んだのは中国での販売。フォルクスワーゲンは中国での販売で最大のシェアを誇り、日産は早くから中国シフトを強めていた。２０１８年も、同様の順位となり、トヨタにとっては、中国での販売強化が課題となっている。

こうした米中という世界の二大経済大国を重視する傾向は、トヨタに限ったことではない。自動車メーカーのもとには、多くの部品や素材の会社が存在し、米中という市場を頼る。ファーウェイをめぐっては、アメリカが5Gの通信設備にファーウェイの製品を採用しないよう同盟国などに働きかけているが、こうした世界を二分しかねない対立が生まれれば、日本経済に深い傷を与えかねない。

資金も技術も中国から

中国との経済的な結びつきは市場だけではない。中国の資金と技術も日本に入り込んでいる。資金面では、このところ、中国系企業による日本企業の買収や出資が相次ぐ。2016年、経営不振に陥っていた東芝の白物家電事業を500億円あまりで買収したのは、中国の大手電機メーカー「美的集団」だった。また、2018年経営破たんしたエアバッグメーカーのタカタの資産や事業を1700億円あまりで引き受けたのは、中国の「寧波均勝電子」傘下のアメリカの部品メーカーだった。

M&Aの助言会社「レコフ」によると、こうした中国企業による日本企業の買収はここ3年で115件、金額は総額1兆3065億円に上り、前の3年と比較すると12倍以上になっている。日本企業の再生や成長に中国の資金が一役買っている現実が見てとれる。

さらに、技術面で中国系企業を頼る事例も増えている。

その一例が、自動車メーカーのホンダと中国のAIベンチャー「センスタイム」の提携だ。2017年、両社は自動運転用AIの共同開発で合意。京都にあるセンスタイム日本法人の本社や中国などで、その研究開発を加速させている。

同社の強みは、自動運転に欠かせない画像認識技術だ。8年前から世界に先駆けてAIに顔のデータを学習させるディープラーニングを研究。人の目を超える99・15％という高精度の認識率を達成したことで世界中の企業から引き合いが増え、10代～20代の女性を中心に世界で2億人が使うカメラアプリ・SNOWなどにその技術が使われる。

その画像認識技術は、混み合った道路でも威力を放つ。中国・西案に設置された公安の監視カメラ。自動車・二輪車・歩行者などを正確に見分けるのはもちろん、歩行者については腰の曲がり具合などから〝老人〟などと年代まで特定する。

この提携のいきさつをセンスタイム日本法人の勞世竑《ろうせいこう》社長に聞くと、話を持ちかけたのはホンダ側だという。

「ホンダさんが自動運転の開発を進めるなか、画像認識が大切だと認識された。そして、世界中でどういった企業が技術をもっているか調査をされるなかで、弊社のレベルが認められた」

さらにこの提携の強みは、中国と日本が互いの弱みを補い合えることだという。日本企業は品質重視の慎重なものづくりの姿勢が強みだが、スピード感が課題。一方、中国の企業は思いついたことをすぐ実行するスピード感があるが、プロダクトアウトする前の最後の詰めが苦手だと指摘。

「私たちのような中国企業と連携して協力体制を作っていけば、日本の産業は世界に乗り遅れずに済み、これからも強くなれる」

2019年に入り、センスタイムは自動運転技術の開発を加速させ、ホンダ以外にも提携を拡大していこうと、茨城県常総市の自動車学校跡地に「AI・自動運転パーク」という専用のテストコースを開設。IT企業のDeNAとの提携も始め、センスタイムの顔認識技術を活用したAI関連商品を日本で販売していくと発表している。

トヨタ・ソフトバンクにホンダも……〝日本連合〟は広がるか？

米中それぞれとの関係強化が進む一方、〝日本連合〟の結成で米中に負けない新たなビジネスを生み出していこうという動きもある。

2018年、トヨタとソフトバンクが立ち上げた新会社「モネ テクノロジーズ」。トヨタが開発を進める自動運転車を使い、日本国内で新たな交通サービスを展開することを目指す会社だ。すでに東京都内と愛知県内で実証実験を開始し、東京都内の実験には丸の内のオフィス街で働く80人が参加。通勤などに専用車両を利用してもらい、得られた走行データをＡＩを使った効率的な配車システムの開発に活かすほか、求められるサービスを検証するという。

２０１９年3月、この新会社にホンダも参加。日本の自動車メーカーの構図がトヨタ・日産・ホンダの3陣営に色分けされてきた中で、その二つが手を組むというこれまでにない形ができあがった。ホンダも今後の実証実験に参加する一方、新会社にホンダの車両から得た走行データを活用していくという。新会社の社長を務めるソフトバンクの宮川潤一副社長は「ほかの自動車メーカーにも参画を呼びかけたい」と〝日本連合〟のさらなる拡大を望んでいる。

アメリカと中国のはざまで、日本はどんな判断を下していくのか。さらに、この難しい駆け引きの中で、日本ならではの強みをどう見いだし、どんな未来をつかんでいけるのか。私たち取材班は、これからもこの攻防の最前線に肉薄し、継続的に取材を進めていこうと考えている。

おわりに

「アメリカでもトランプ大統領の通商政策には批判が多いが、中国に対する強硬な姿勢は、与党・共和党だけではない。野党・民主党も含めて、議会で広く支持されている」

本書を読み終えた読者なら、この言葉の意味が腑に落ちるだろう。

トランプ政権が発足すると、世界に自由貿易を推奨してきたはずのアメリカは、手のひらを返すように保護主義的な姿勢を強めた。その矛先は、同盟国や友好国、隣国など価値観を共有しているはずの各国にも向けられた。

不穏な気配が色濃くなっていく中で、ワシントンで取材する記者から私が聞いたのが、冒頭の話だった。率直に言って、意外だった。トランプ大統領と鋭く対立する野党まで巻き込んで膨らんでいる、アメリカの中国への危機感とは何か。中国ではいま何が起きているのか。それを解き明かそうと、アメリカと中国で、手探りで取材が行われた。

キーワードは「覇権」だった。

軍事力、情報力、基軸通貨ドルとそれを支える経済力。アメリカは世界に冠たる「力」の後ろ盾があり、いまだに世界の「スーパーパワー」であり続けている。アメリカの危機感は、その「力＝覇権」を中国に脅かされていると感じているところから来ていると取材を通じて見えてきた。いま対処しないと間に合わないかもしれないという焦りかもしれない。本書に登場する国防省の幹部、マイケル・ブラウン氏はそれを体現している。

中国からアメリカへの留学生や投資が、日本をはじめ各国をしのぐ勢いであることも、単に経済的な成功を目指す以上の狙いがある。少なくとも、中国に危機感をもつアメリカ人はそう捉え、そう考える人は着実に増えている。しかし、中国側に本当にその意図はあるのか。政府関係者への取材が難しい中、中国企業の現場での取材を通じて、その実態に様々な角度から迫った。今回の取材のハイライトは、むしろそこにあるかもしれない。

自動運転、ビッグデータの収集と利用、ブロックチェーン。

最先端の技術力とビジネス力が問われ、世界のトップ企業がしのぎを削る分野で、中国企業は、世界でも有数の勢いで挑戦し、変化し、成長している。そして私たちは、政府系ファンドが成長資金を提供し、政府が販路拡大などで企業に寄り添い、アメリカの覇権への挑戦を明言する経営者が躍動していることを目撃した。中国の果敢な企業活動に込められた意味を、もはや「深読み」しないわけにはいかないだろう。それが本書の効用である。

覇権をめぐる攻防に、私たち日本も身に覚えが無いわけではない。20世紀終盤、日本は経済力でアメリカに迫り、ハイテク大国の名を冠され、円の国際化をめざした。その後、何が起きたかはもはや詳細を記す余裕はない。ただ、確かなことは、中国は、日本を先行事例として詳細に研究し、入念に準備してきた、ということだ。

2019年1月9日に放送されたNHKスペシャル「アメリカvs.中国 〝未来の覇権〟争いが始まった」を視聴して、国際的に活動する企業の会計に詳しい友人がこう話した。「確かに中国企業の勢いは凄い。しかし、日本のトップ企業はまだ10年、いや5年かもしれないが、優位を保てる。中国企業には『組織の力』とでも言うべきものが、まだ足りない」

21世紀の二つの大国のせめぎ合いが、行き着く先はまだ見えていない。地理的にも二つの大国の間に立つ日本は、どんな選択をしていくのか。その選択にあたって考える時間はまだあるが、限られているのかもしれない。


米中貿易摩擦がさらに激しくなる2019年5月記す

NHK国際部　松木昭博

【関連番組】

・NHKスペシャル「アメリカvs.中国　〝未来の覇権〟争いが始まった」(2019年1月19日放送)

・BS1スペシャル「アメリカvs.中国　〝情報・金融・ハイテク覇権〟に挑む中国」(2019年4月7日放送)

【執筆者一覧】

・善家　賢(ぜんけ・まさる／報道局政経・国際番組部チーフ・プロデューサー)……はじめに

・馬場健夫(ばば・たけお／広州支局長)……序章、第3章第2節

・浄弘修平(じょうぐ・しゅうへい／報道局政経・国際番組部ディレクター)……序章

・吉田　稔(よしだ・みのる／中国総局記者)……第1章第2節

・加納丈嗣(かのう・じょうじ／報道局政経・国際番組部ディレクター)……第1章第1・3節、第2章第4節

・吉武洋輔(よしたけ・ようすけ／報道局経済部記者)……第1章第4節、第3章第3節、終章

・矢島哉子(やじま・かなこ／報道局政経・国際番組部ディレクター)……序章、第1章第5節、終章

・油井秀樹(ゆい・ひでき／ワシントン支局長)……第2章第1〜3節

・田中健太郎(たなか・けんたろう／ワシントン支局記者)……第3章第1節

・笠井清史(かさい・きよし／報道局社会番組部ディレクター)……第4章、第5章第1節

・新井雅樹(あらい・まさき／ワシントン支局チーフ・プロデューサー)……第5章第2節

・松木昭博(まつき・あきひろ／報道局国際部デスク)……おわりに

NHKスペシャル取材班
アメリカと中国の間で繰り広げられる
「情報」「ハイテク」「金融」の覇権争いを取材するため、
NHKワシントン支局、中国総局、広州支局、
報道局国際部、経済部、政経・国際番組部、社会番組部の
記者・ディレクターを中心に結成されたチーム。
現在も、米中貿易摩擦やファーウェイの5Gをめぐる攻防などを含めて、
継続取材を進めている。

NHK出版新書 589
米中ハイテク覇権のゆくえ
2019年6月10日　第1刷発行

著者　NHKスペシャル取材班
発行者　森永公紀
発行所　NHK出版
〒150-8081東京都渋谷区宇田川町41-1
電話（0570）002-247（編集）（0570）000-321（注文）
http://www.nhk-book.co.jp（ホームページ）
振替 00110-1-49701

ブックデザイン　albireo
印刷　壮光舎印刷・近代美術
製本　二葉製本

Printed in Japan ISBN978-4-14-088589-5 C0231